云南省
创新创业大赛蓝皮书
(2020)

YUNNAN SHENG
CHUANGXIN CHUANGYE DASAI LANPISHU
(2020)

刘 杨 ◎ 主编　　张 涛　吴 迪 ◎ 副主编

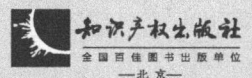

图书在版编目（CIP）数据

云南省创新创业大赛蓝皮书.2020/刘杨主编；张涛，吴迪副主编.—北京：知识产权出版社，2021.12
ISBN 978-7-5130-7942-6

Ⅰ.①云… Ⅱ.①刘…②张…③吴… Ⅲ.①创业—竞赛—概况—云南—2020 Ⅳ.①F279.277.4

中国版本图书馆 CIP 数据核字（2021）第 256118 号

内容提要

已举办六届的云南省创新创业大赛，成为云南省激活企业创新创业活力的重要政策抓手和标志性活动，为云南省经济结构调整、产业升级贡献了力量。本书回顾了大赛历程，着重分析了 2020 年企业参赛情况、获奖情况、金融支持、大赛存在的问题和建议等，对大赛进行了比较深入的数据分析和透视。

本书具有一定的资料价值，可供拟参赛企业和相关组织部门参考。

责任编辑：安耀东　　　　　　　　　　　　责任印制：孙婷婷

云南省创新创业大赛蓝皮书（2020）
刘杨　主编
张涛　吴迪　副主编

出版发行	知识产权出版社有限责任公司	网　　址	http://www.ipph.cn
电　　话	010-82004826		http://www.laichushu.com
社　　址	北京市海淀区气象路 50 号院	邮　　编	100081
责编电话	010-82000860 转 8534	责编邮箱	anyaodong@cnipr.com
发行电话	010-82000860 转 8101	发行传真	010-82000893
印　　刷	北京建宏印刷有限公司	经　　销	新华书店、各大网上书店及相关专业书店
开　　本	720mm×1000mm 1/16	印　　张	7.25
版　　次	2021 年 12 月第 1 版	印　　次	2021 年 12 月第 1 次印刷
字　　数	99 千字	定　　价	78.00 元

ISBN 978-7-5130-7942-6

出版权专有　侵权必究
如有印装质量问题，本社负责调换。

本书编辑委员会

主　编：刘　杨
副主编：张　涛　吴　迪
委　员：朱韵蓓　宁　宁　赵原立
　　　　罗　通　胡志辉　刘子超

前　言

已举办六届的云南省创新创业大赛，已经成为云南省激活企业创新创业活力的重要政策抓手和标志性活动，在激发创新创业精神等方面发挥了重要且不可替代的作用。

六年来，云南省创新创业大赛在云南省营造了全社会共同参与和支持创新创业的氛围，搭建了投融资机构与参赛企业间的桥梁，调动了云南省创新创业者的积极性，提高了云南省企业和团队的创新创业水平，引入了科技项目和科技型中小企业遴选培育新机制，全方位打造了大赛全媒体宣传系统，培育了上万个中小企业，为云南省产业升级、结构调整和经济转型贡献了力量。

近年来，云南省的一些企业屡屡站在创新创业的潮头，但是当创新潮流来临时，有的企业出现发展战略不够坚定、目标不够持续、创新能力不足、经营策略和发展模式创新不足等情况，导致经营状况不够稳定甚至下滑直至出现亏损。

2020年以来，受新型冠状病毒肺炎疫情影响，经济发展压力较大，市场缺乏流动性，市场主体缺乏活力和动力，有的企业，特别是科技型中小企业面临生存压力。为应对疫情，帮扶企业渡过难关，2020年云南省创新创业大赛叠加多项扶持政策，从减免房租、加大金融财税支持等方面减轻企业负担，同时从加大稳岗力度、扶持技术创新、支持数字化转型、提高审批效能、提供便利化服务、组织科技攻关等方面加大支持力度。

市场的快速变化、商业逻辑的根本性变革，使得云南省创新创业大赛作为创新创业载体，通过不断的自我完善，已经成为区域创新创业生态的重要组成部分，为各级政府以及政府各个部门搭建了与企业沟通的桥梁，为政府政策的精准和高效落实以及企业的发展提供全方位的服务。

我们有理由相信，如果云南的企业一如既往、坚定不移地走创新创业发展道路，不断地夯实基础，激活创新创业动力，一定会取得骄人的成绩。回顾云南省的诸多企业，都曾创造了辉煌的历史，并且都曾在全国属于最早创立、最有前景的领先企业。目前这些企业有的面临衰退，有的面临重组，有的甚至被淘汰了。当今天创新创业的潮流到来之时，我们应该从自身的各个方面实现创新，突破瓶颈，克服困难。我们坚信，创新创业是中国经济发展的驱动力，创新创业大赛是大众创业万众创新的具体抓手，是云南省创新型企业不断发展壮大的入口和通道，也是云南经济社会持续繁荣发展的前沿，抓住创新创业大赛就抓住了创新驱动发展的龙头。持续地关注、支持创新创业大赛，云南的经济一定能在创新驱动发展和"一带一路"倡议中发挥独特的作用、取得辉煌的业绩。

目 录

1 大赛历程 ·· 1
　1.1 大赛背景 ·· 1
　1.2 赛前培训 ·· 2
　1.3 报名审核及初赛 ··· 3
　1.4 复赛 ·· 3
　1.5 决赛 ·· 4
　1.6 全国总决赛 ··· 5

2 参赛企业情况分析 ··· 11
　2.1 参赛企业整体情况 ·· 11
　2.2 参赛企业详细情况 ·· 30

3 获奖情况分析 ·· 53
　3.1 获奖概况 ·· 53
　3.2 获奖情况分析（按区域） ··· 54
　3.3 获奖情况分析（按行业） ··· 61
　3.4 获奖情况分析（按行业—区域、区域—行业） ·························· 65

4 大赛总结及问题和建议 ··· 76
　4.1 大赛总结 ·· 76

— iii —

4.2　问题和建议 ……………………………………………… 81

5　金融支持 …………………………………………………… 83
　5.1　大赛合作金融机构：招商银行昆明分行 ……………… 83
　5.2　大赛合作创投机构 ……………………………………… 88

附录　2020 年云南省创新创业大赛获奖名单 …………… 89
　附表 1　企业成长组获奖名单 ……………………………… 89
　附表 2　企业初创组获奖名单 ……………………………… 102
　附表 3　团队组获奖名单 …………………………………… 105
　附表 4　组织奖名单 ………………………………………… 107

1 大赛历程

1.1 大赛背景

中国创新创业大赛云南赛区暨云南省创新创业大赛（以下简称"云南省创新创业大赛"）以"创新圆梦想，创业彩云南"为主题，由云南省科学技术厅、共青团云南省委员会主办，昆明理工大学科技园有限公司、云南省科学技术厅宣教中心共同承办。自 2015 年至 2020 年，云南省已成功举办六届，累计接受企业组报名 5248 家，团队组报名 1421 个。获奖企业可获得最高 50 万元、最低 4 万元的项目资金支持。六届云南省创新创业大赛累计获奖企业超过 1400 家，安排科技项目资金 1.56 亿元，支持获奖项目 712 个。

为提升云南省创新创业大赛的影响力，创新办赛形式，2018 年云南省创新创业大赛围绕云南省委、省政府关于培育发展重点产业和打造世界一流"三张牌"（"绿色能源""绿色食品""健康生活目的地"）的重大决策部署，复赛、决赛阶段设立了"三张牌"专场；2019 年，云南省创新创业大赛与共青团云南省委主办的"创青春"中国青年创新创业大赛云南赛区首次合并办赛，充分发挥各自优势，整合全省"大众创业、万众创新"（以下简称"双创"）资源，进一步提升品牌效应，取得了良好的效果。

第九届中国创新创业大赛云南赛区暨第六届云南省创新创业大

赛（以下简称"2020年云南省创新创业大赛"）克服新型冠状病毒肺炎（以下简称"新冠"）疫情的影响，围绕比赛举办了赛前赛中培训、投融资洽谈会、科技人才创业投融资集训营、创新创业服务超市、创新创业财富论坛、行业投资分享沙龙、燧石星火融资公开课等一系列活动，通过广播、电视、报纸、杂志、网络等各种媒体进行了全面、细致、形式多样的跟踪报道，宣传创新创业人物，树立创新创业品牌，使云南省创新创业大赛和双创得到社会的广泛关注。

六年来，云南省创新创业大赛组织了由金融创投机构专家和企业负责人参加的20余场投融资对接会，为500余家参赛企业及团队搭建沟通桥梁，帮助中小企业开拓投融资渠道。据不完全统计，中小企业累计获得风险投资和银行授信额度超过3.8亿元。

1.2 赛前培训

根据《科技部关于举办第九届中国创新创业大赛的通知》（国科发火〔2020〕137号）的要求，云南省科学技术厅在认真总结第八届中国创新创业大赛云南赛区工作的基础上，制订了第九届中国创新创业大赛云南赛区工作方案，成立了云南赛区大赛组委会。

为认真办好2020年云南省创新创业大赛宣传动员培训会，大赛组委会组织相关专家编制统一培训课件，制订培训计划，并协调各市（州）科技局，调动企业参赛积极性。考虑疫情影响，为减少人员聚集，2020年云南省创新创业大赛组委会分别在2020年6月17日、7月2日、7月7日、7月8日、7月9日、7月17日面向全省各地，通过腾讯会议组织了6场线上赛前培训，在线观看培训达960人次；8月30日复赛开始前的赛前培训会通过线上直播及线下方式进行，在线观看836人次，现场参加培训人员261余人；9月23日通过线上直播及线下方式,对入围全国赛的企业举办了全国半决赛培训会,现场参与22人,在线观看240人次。

1.3 报名审核及初赛

为积极响应党中央、国务院关于推动大众创业、万众创新的号召,由云南省科学技术厅主办,昆明理工大学科技园有限公司、云南省科学技术厅宣教中心共同承办的2020年云南省创新创业大赛在云南省科技厅的领导下有序推进。

2020年7月31日报名截止,企业组报名企业共计812家[经审核后最终报名成功企业646家,其中成长企业组(以下简称"成长组")501家,初创企业组(以下简称"初创组")145家];团队组179个。受疫情影响,相较于2019年,2020年大赛各组别报名数量均有所下降,其中企业组成功报名数下降36.10%,团队组下降65.38%。

2020年8月10日,大赛进入网络初赛评审阶段,大赛组委会从科技部火炬中心申请了200位省内外的高水平评委,最终成功邀请评委75位,其中省外评委占比达到47%。大赛通过邀请高水平评委,从初赛开始就高要求高标准评选参赛项目,以达到以赛促练、以赛促教、以赛促用,整体提高云南省企业的参赛水平的目的。通过大赛评委专家审慎评审,最终评定晋级的成长企业256家,初创企业70家,团队52个。

1.4 复赛

2020年云南省创新创业大赛启动以来,在云南省科学技术厅、共青团云南省委员会领导下,经过广泛宣传和培训动员,全社会共同关注、相关企业积极参与,报名和初赛进展顺利。2020 年 8 月 31 日—9 月 2 日,复赛在昆明市文汇酒店举行。通过大赛评委专家审慎评审,最终评定晋级的成长企业 130 家,初创企业 36 家,团队 16 个。

近年来,云南省创新创业大赛在大众创业、万众创新的时代热潮中引导和培育各类创业领军企业,成为引领云南省创新发展的一支中坚力量,为引领经济转型升级注入源源不断的新动力,进一步营造了云南省创新创业的良好环境和氛围,增强了各行业、企业创新创业能力。

云南省创新创业大赛目前已成为云南省中小企业、科技型创新企业交流发展的重要平台。为维护并经营好这一重要平台,大赛在 2020 年的复赛中更加注重为参赛企业提供更加全面的平台交流服务,提供创业支持服务,提供更加公平、公正、公开的参赛机会。

1.5 决赛

2020 年 9 月 5 日至 9 月 6 日,决赛在昆明市文汇酒店举行。经过激烈角逐,最终 10 家企业获得成长组一等奖,20 家企业获得成长组二等奖,30 家企业获得成长组三等奖;4 家企业获得初创组一等奖,6 家企业获得初创组二等奖,10 家企业获得初创组三等奖;2 个团队获得团队组一等奖,3 个团队获得团队组二等奖,4 个团队获得团队组三等奖(见表 1.1)。另有 10 家单位获得组织奖。大赛组委会对获奖名单进行了公示和公告。

表 1.1　2020 年云南省创新创业大赛奖励情况

奖项	成长组/家	初创组/家	团队组/个	合计
一等奖	10	4	2	16
二等奖	20	6	3	29
三等奖	30	10	4	44
优胜奖	70	16	7	93
合计	130	36	16	182

1.6 全国总决赛

按照第九届中国创新创业大赛入围名额分配方法，2020年云南赛区共推荐35家企业（其中成长组27家，初创组8家）入围第九届中国创新创业大赛全国总决赛。这些企业分布于新一代信息技术、生物、新材料、节能环保、新能源五个行业领域。其中云南丰普科技有限公司、云南卓印科技有限公司获得节能环保行业企业成长组优秀奖。

从2015年到2020年，云南赛区推荐入围中国创新创业大赛全国总决赛企业共计263家（其中成长组209家，初创组54家）和团队10个，共计获奖52个。其中，云南微灵纳智能骨科材料团队荣获第四届中国创新创业大赛生物医药行业总决赛团队组二等奖，昆明理工大学能源电子先进技术研究团队荣获第五届中国创新创业大赛电子信息行业总决赛团队组二等奖，云南合续环境科技有限公司荣获第六届中国创新创业大赛新能源及节能环保行业总决赛成长企业组三等奖，其余获优秀奖。

表1.2～表1.7是2015年第四届至2020年第九届中国创新创业大赛行业总决赛云南省获奖名单。

表1.2　2015年第四届中国创新创业大赛行业总决赛云南省获奖名单

序号	企业/团队名称	行业领域	组别	参赛项目	获得奖项
1	云南顺丰洱海环保科技股份有限公司	新能源及节能环保	成长组	环保型精制生态有机肥研发及其产业化项目	优秀奖
2	保山市永子文化产业有限公司	文化创意	初创组	保山永子围棋传统工艺传承及创新发展	优秀奖
3	楚雄德尔思紫胶有限公司	生物医药	初创组	紫胶桐酸提取废弃物资源化利用生产钢结构防腐剂	优秀奖
4	云南微灵纳智能骨科材料团队	生物医药	团队组	仿生智能人工骨材料的研发及产业化	二等奖

表 1.3　2016 年第五届中国创新创业大赛行业总决赛云南省获奖名单

序号	企业/团队名称	行业领域	组别	参赛项目	获得奖项
1	云南旅务通科技有限公司	互联网和移动互联网	成长组	旅游智慧景区综合服务云平台	优秀奖
2	昆明盛策同辉数字科技有限责任公司	互联网和移动互联网	成长组	基于移动互联网与增强现实技术的虚拟社交民族文化互动体验产品——"super partner（超级伙伴）"	优秀奖
3	云南我是花吃食品科技开发有限公司	互联网和移动互联网	成长组	我是花吃创意鲜花美食	优秀奖
4	昆明安泰得软件股份有限公司	电子信息	成长组	基于 BIM 的交通全生命周期智能管理平台研发与应用	优秀奖
5	勐腊县曼庄橡胶有限公司	新能源及节能环保	成长组	白炭黑湿法混炼胶（绿色轮胎胶）	优秀奖
6	云龙县铂翠贵金属科技有限公司	新能源及节能环保	成长组	贵金属二次资源综合回收利用及产品深加工	优秀奖
7	昆明南铂再生资源技术研究有限公司	新能源及节能环保	成长组	铂回收捕集器	优秀奖
8	云南中宣液态金属科技有限公司	新材料	成长组	液态金属电子手写笔产业化	优秀奖
9	昆明贵信凯科技有限公司	新材料	成长组	压敏电阻器用复合电极浆料制备技术及应用	优秀奖
10	云南博仕奥生物技术有限公司	生物医药	成长组	基于膨化饲料中添加蛋白酶与微生态制剂的智能化整体解决方案	优秀奖

续表

序号	企业/团队名称	行业领域	组别	参赛项目	获得奖项
11	云南翔澳航空技术有限公司	先进制造	初创组	多功能飞行模拟机	优秀奖
12	云南星能科技股份有限公司	新能源及节能环保	初创组	植物电解质电池	优秀奖
13	云南冶金集团创能铝空气电池股份有限公司	新能源及节能环保	初创组	超长续航的新能源铝空气电池	优秀奖
14	云南舜喜再生医学工程有限公司	生物医药	初创组	舜喜再生医学基因检测产品方案	优秀奖
15	云南米花园艺科技有限公司	生物医药	初创组	智能温室条件下迷你玫瑰精准种植体系的建立与应用	优秀奖
16	昆明理工大学能源电子先进技术研究团队	电子信息	团队组	高压带电体智能预警系统	二等奖
17	CloudRFTech 云射频应用科技公司	电子信息	团队组	基于云端智能的无线电频谱安全监测预警系统	优秀奖
18	金属空气电池团队	新能源及节能环保	团队组	高效率空气电池	优秀奖
19	昆明总医院附属骨科医院	生物医药	团队组	记忆合金钉脚固定器的研发、应用与推广	优秀奖

表 1.4　2017 年第六届中国创新创业大赛行业总决赛云南省获奖名单

序号	企业/团队名称	行业领域	组别	参赛项目	获得奖项
1	云南合续环境科技有限公司	新能源及节能环保	成长组	CHtank600 型中国罐	三等奖
2	云龙县铂翠贵金属科技有限公司	新能源及节能环保	成长组	低品位难处理铂族金属均相废催化剂绿色循环利用技术	优秀奖

续表

序号	企业/团队名称	行业领域	组别	参赛项目	获得奖项
3	云南昆欧科技有限责任公司	新能源及节能环保	成长组	钢铁企业除尘灰有价元素综合回收项目	优秀奖
4	云南傣御农业科技有限公司	生物医药	成长组	云南特色七彩野地花生产业链建设	优秀奖
5	云南宏绿辣素有限公司	生物医药	成长组	天然辣椒素产业化关键技术	优秀奖
6	云南曲辰科技有限公司	生物医药	成长组	基于超氧化物歧化酶（SOD）技术的天然功能水果开发	优秀奖
7	云南舜喜再生医学工程有限公司	生物医药	成长组	复骨：新一代骨关节炎干细胞疗法	优秀奖
8	云南中骏生物科技有限公司	生物医药	成长组	具有退化土壤修复保育功能的新型复混肥料开发	优秀奖
9	昆明全波红外科技有限公司	先进制造	成长组	30万像素红外热成像镜头研发	优秀奖
10	保山昌宁红茶业集团有限公司	先进制造	成长组	CTC红碎茶	优秀奖
11	云南诺寻科技有限公司	电子信息	成长组	诺寻科路由管理分析平台系统研发及应用	优秀奖
12	云南博康智能信息技术有限公司	电子信息	成长组	丽江市智慧交通建设项目	优秀奖
13	昆明纳太科技有限公司	新材料	成长组	碳纳米加热膜	优秀奖
14	昆明慧耕环境科技有限公司	新能源及节能环保	初创组	资源化利用人畜粪便生产有机肥	优秀奖
15	云南巴赫科技有限公司	新能源及节能环保	初创组	超磁水处理系统在锅炉及冷却系统上的运用	优秀奖

1 大赛历程

表1.5 2018年第七届中国创新创业大赛行业总决赛云南省获奖名单

序号	企业/团队名称	行业领域	组别	参赛项目	获得奖项
1	云南巴赫科技有限公司	新能源及节能环保	成长组	电催化氧化技术在高浓度有机废水中应用	优秀奖
2	昆明全波红外科技有限公司	先进制造	成长组	100万像素非制冷红外热成像镜头研制	优秀奖
3	云南智德环保科技有限公司	新能源及节能环保	成长组	下吸式移动床生活垃圾无害化处理技术开发和成果转化项目	优秀奖
4	云南大通汇国际电子商务有限公司	电子信息	成长组	边民互市综合服务平台	优秀奖
5	云南济慈再生医学研究院有限公司	生物医药	初创组	云南济慈再生医学研究院有限公司香港主板上市及rFib国家一类干细胞新药申报项目	优秀奖
6	云南瀚农生鲜股份有限公司	互联网	初创组	瀚农生鲜电商平台和城市物流配送系统	优秀奖

表1.6 2019年第八届中国创新创业大赛行业总决赛云南省获奖名单

序号	企业/团队名称	行业领域	组别	参赛项目	获得奖项
1	云南中钰雕龙数据科技有限公司	电子信息	成长组	基于互联网地理信息公共服务平台的智慧医疗研究	优秀奖
2	云南远足科技有限公司	先进制造	成长组	基于机器视觉的卷烟机烟支外观检测装置关键技术研发与应用	优秀奖
3	云南星能科技股份有限公司	新能源及节能环保	成长组	植物电解液及植物电解质电池	优秀奖
4	云南兆泓环境工程有限公司	新能源及节能环保	成长组	以强化滤料为核心的低污染水治理技术体系	优秀奖

续表

序号	企业/团队名称	行业领域	组别	参赛项目	获得奖项
5	云南欧铂斯医疗科技有限公司	生物医药	初创组	滇中新区骨科医疗器械高新技术孵化研产项目	优秀奖
6	云南德通科技有限公司	电子信息	初创组	光通讯400GE调制解调芯片开发	优秀奖

表 1.7 2020年第九届中国创新创业大赛行业总决赛云南省获奖名单

序号	企业/团队名称	行业领域	组别	参赛项目	获得奖项
1	云南丰普科技有限公司	节能环保	成长组	锅炉乏汽回收利用节能项目	优秀奖
2	云南卓印科技有限公司	节能环保	成长组	卓印新型胶印水路系统	优秀奖

2 参赛企业情况分析

2.1 参赛企业整体情况

2.1.1 参赛企业整体情况

2020年云南省创新创业大赛参赛企业组646家（成长组501家，初创组145家），团队组179个，合计共825家（个）。图2.1所示为2015—2020年六届大赛参赛企业和团队数情况。其中2015年因受众对首届云南省创新创业大赛认知不足而导致参赛情况不理想。

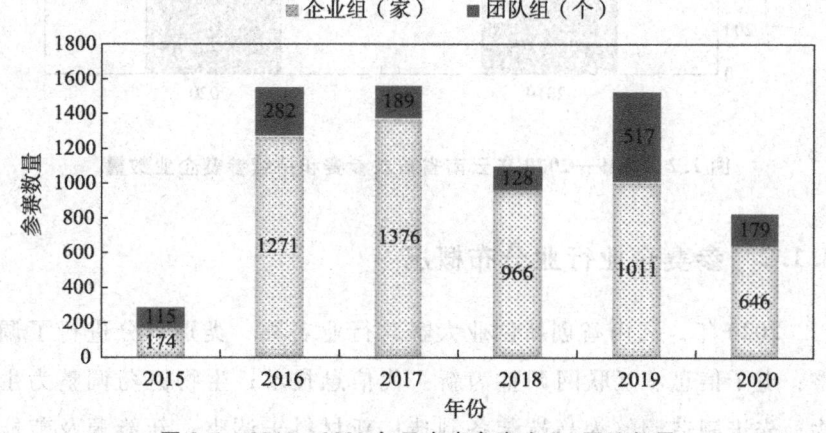

图 2.1 2015—2020年云南省参赛企业/团队数量

如表2.1所示，2016—2020年云南省参赛企业和团队总数全国排名一直维持在前13位,甚至取得全国第4位的好成绩,在参赛企业和团队数量方面表现优异。

表 2.1 2015—2020 年云南省参赛企业和团队总数与全国参赛企业和团队总数

年份	云南省总数/家	全国总数/家	云南省占比/%	全国排名
2015	289	26 717	1.08	23
2016	1 553	34 341	4.52	4
2017	1 565	28 147	5.56	4
2018	1 094	31 136	3.51	8
2019	1 528	30 287	5.05	5
2020	825	35 788	2.31	13

如图 2.2 所示,对比 2019 年和 2020 年云南省参赛企业增长情况,2020 年相对 2019 年首次参赛企业数减少了 218 家,持续参赛企业数也有所下降,减少了 147 家。

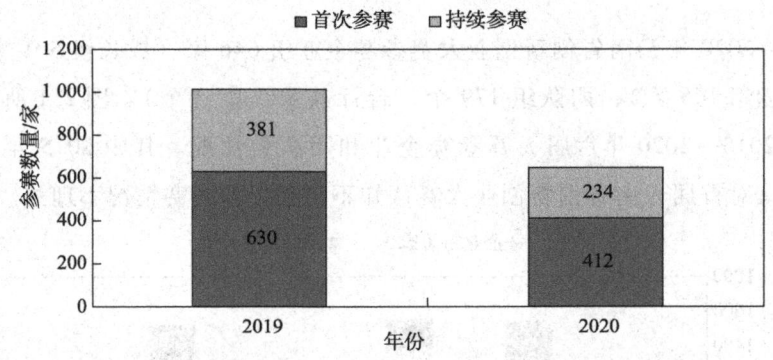

图 2.2 2019—2020 年云南省首次参赛和持续参赛企业数量

2.1.2 参赛企业行业分布概况

2020 年,云南省创新创业大赛对行业名称、类别划分进行了调整:电子信息、互联网调整为新一代信息技术;生物医药调整为生物;先进制造调整为高端装备制造;新材料未调整;新能源及节能环保调整为新能源、新能源汽车、节能环保三个行业。2020 年大赛划分为 7 个行业,即新一代信息技术、生物、高端装备制造、新材料、新能源、新能源汽车、节能环保。2020 年与其他年份的行业数据对比时,根据以上对应关系,简化为 5 个行业:新一代信息技术、生物、高端装备制造、新材料、新能源及节能环保。

2020 年云南省创新创业大赛参赛企业按行业划分情况如图 2.3 所示。7 个行业参赛企业占比排名依次是生物、新一代信息技术、节能环保、新材料、新能源、高端装备制造和新能源汽车。其中,作为云南省优势行业的生物行业参赛企业数占比接近一半,达到 46.90%(图 2.4)。

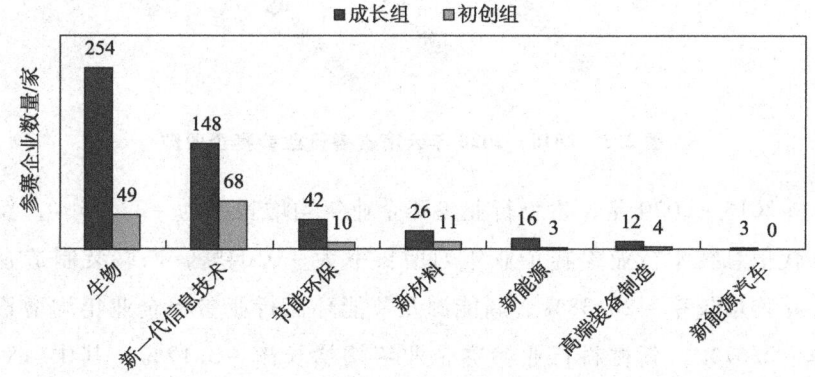

图 2.3　2020 年云南省赛区参赛企业行业分布情况

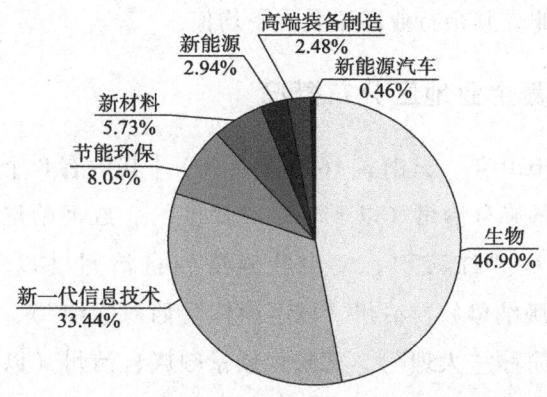

图 2.4　2020 年云南省赛区参赛企业行业占比情况

云南省各行业2018—2020年参赛数量如图2.5所示。

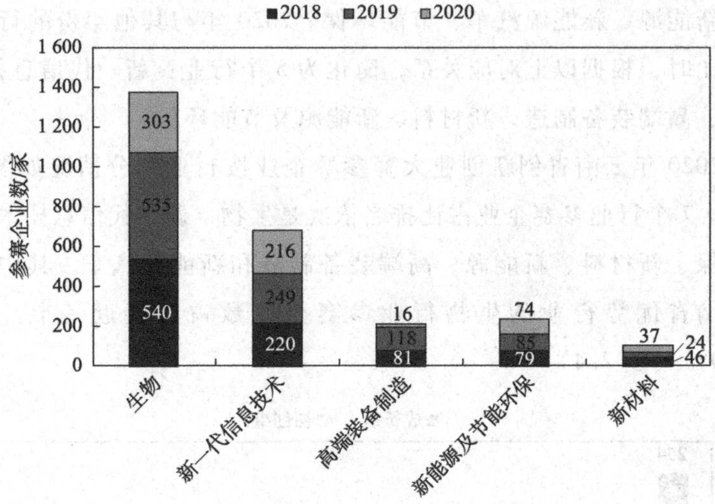

图2.5　2018—2020年云南省各行业参赛企业数

2018—2020年，生物行业参赛企业年均增长率为-22.15%，新一代信息技术行业参赛企业年均增长率为-0.04%，高端装制造企业年均增长率-20.38%，新能源及节能环保行业参赛企业年均增长率-2.67%，新材料行业参赛企业年均增长率-3.17%。其中，对比云南省近三年参赛企业年均增长率为-15.72%，除了生物和高端装备制造行业，其余行业高于全省平均值。

2.1.3　参赛企业地区分布概况

2018—2020年，云南省16个市（州）[其中有8个少数民族自治州：楚雄彝族自治州（以下简称"楚雄"），红河哈尼族彝族自治州（以下简称"红河"），文山壮族苗族自治州（以下简称"文山"），西双版纳傣族自治州（以下简称"西双版纳"），大理白族自治州（以下简称"大理"），德宏傣族景颇族自治州（以下简称"德宏"），怒江傈僳族自治州（以下简称"怒江"），迪庆藏族自治州（以下简称"迪庆"）]都有企业报名参赛。如图2.6和表2.2所示，

2020 年参赛企业数排名前五的区域为昆明、丽江、西双版纳、大理、曲靖,参赛企业数全省占比达两位数的只有昆明和丽江,其中昆明高达 46.75%。

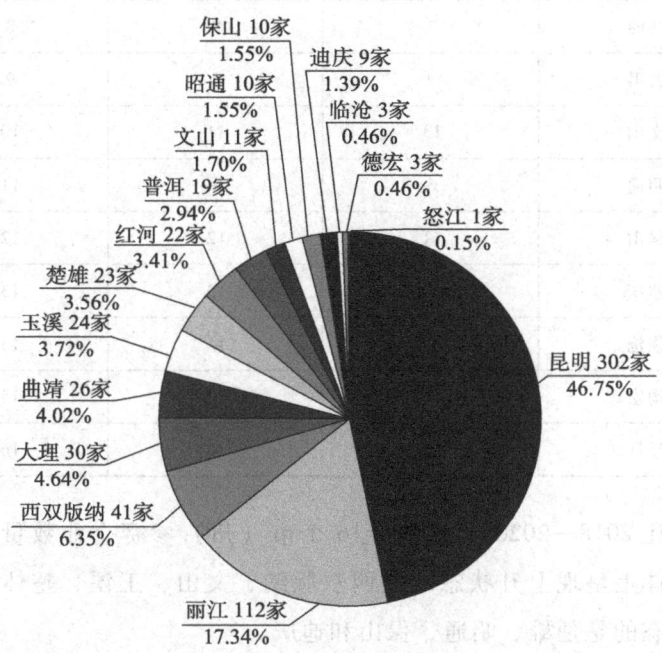

图 2.6　2020 年云南省 16 个市(州)参赛企业数全省占比

表 2.2　2018—2020 年云南省 16 个市(州)参赛企业数排名　单位:家

市(州)	2018 年	2019 年	2020 年
昆明	1	1	1
丽江	2	2	2
西双版纳	10	6	3
大理	4	3	4
曲靖	5	4	5
玉溪	8	10	6

续表

市（州）	2018年	2019年	2020年
楚雄	3	5	7
红河	7	9	8
普洱	9	7	9
文山	13	11	10
昭通	6	8	11
保山	11	12	12
迪庆	12	13	13
临沧	14	15	14
德宏	16	14	15
怒江	15	16	16

对比 2018—2020 年云南省 16 个市（州）参赛企业数量排名情况，整体上呈现上升状态的是西双版纳、文山、玉溪，整体上呈现下降状态的是楚雄、昭通、保山和迪庆。

如图 2.7 和表 2.3、表 2.4 所示，对比 2018—2020 年参赛企业数量变化情况：三年年均增长率为正值的按照排序依次有西双版纳、德宏、大理，年均增长率分别为 43.92%、23.64%、6.39%；三年年均增长率为负值的按照排序依次有怒江、昭通、楚雄、保山、临沧、迪庆、曲靖、红河、丽江、昆明、玉溪、普洱、文山，年均增长率分别为 -58.33%、-44.38%、-36.23%、-33.33%、-31.25%、-29.17%、-20.12%、-19.42%、-13.56%、-12.48%、-11.68%、-10.36%、-3.81%。

对比各市（州）排名情况和年均增长率情况发现，西双版纳 2018—2020 年在云南省排名和参赛企业数年均增长率方面情况较好。

2 参赛企业情况分析

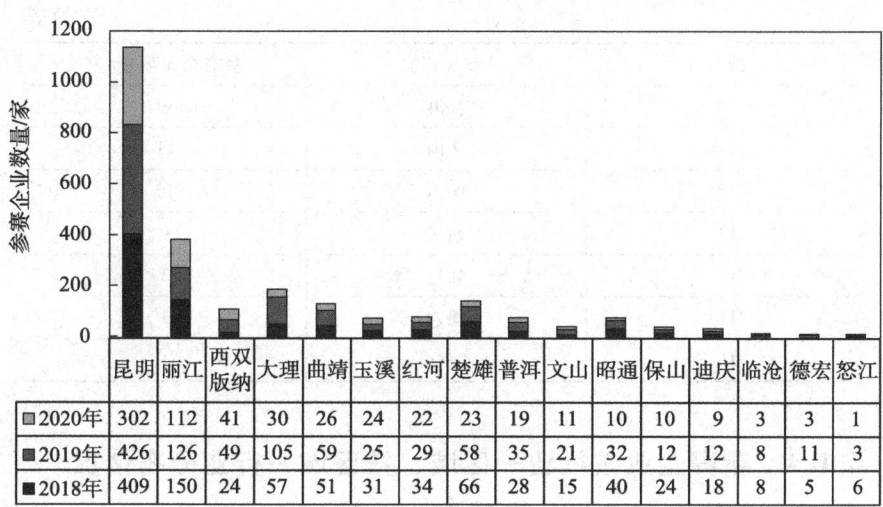

图 2.7　2018—2020 年云南省 16 个市（州）参赛企业数量变化情况

表 2.3　2018—2020 年云南省 16 个市（州）参赛企业数年均增长率

市（州）	怒江	昭通	楚雄	保山	临沧	迪庆	曲靖	红河
年均增长率/%	-58.33	-44.38	-36.23	-33.33	-31.25	-29.17	-20.12	-19.42
市（州）	丽江	昆明	玉溪	普洱	文山	大理	德宏	西双版纳
年均增长率/%	-13.56	-12.48	-11.68	-10.63	-3.81	6.39	23.64	43.92

表 2.4　2020 年各市（州）参赛企业排名及数量

排名	市（州）	参赛企业数量/家
1	昆明	302
2	丽江	112
3	西双版纳	41
4	大理	30
5	曲靖	26
6	玉溪	24
7	楚雄	23
8	红河	22
9	昭通	10

续表

排名	市（州）	参赛企业数量/家
10	普洱	19
11	文山	11
12	保山	10
13	迪庆	9
14	临沧	3
15	德宏	3
16	怒江	1

2.1.4 参赛企业按行业—区域、按区域—行业分布情况

（1）参赛企业按行业—区域分布情况。

如图2.8所示，2020年新一代信息技术行业参赛企业数量按市（州）分布排名前三的是昆明、丽江和玉溪。

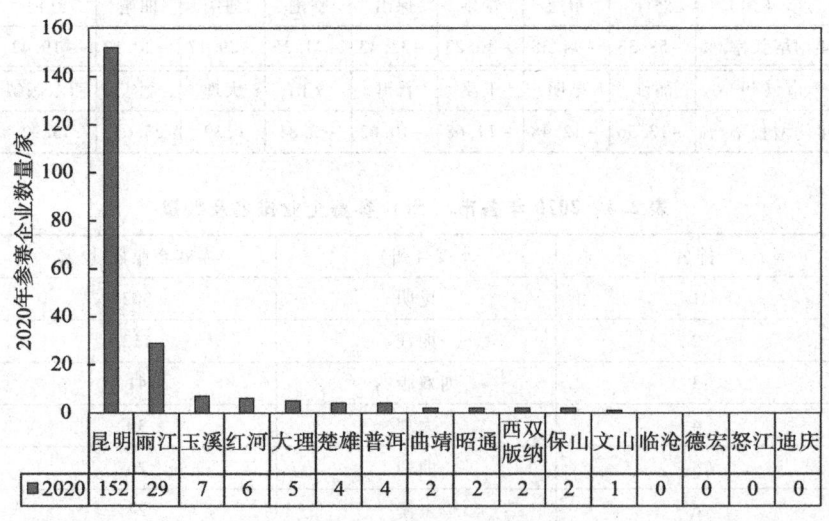

图2.8 2020年新一代信息技术行业参赛企业数量按市（州）分布情况

如图2.9所示，2020年高端装备制造行业参赛企业数量按市（州）分布排名前三的是昆明、玉溪和保山（并列）、昭通和丽江、

红河（并列）。

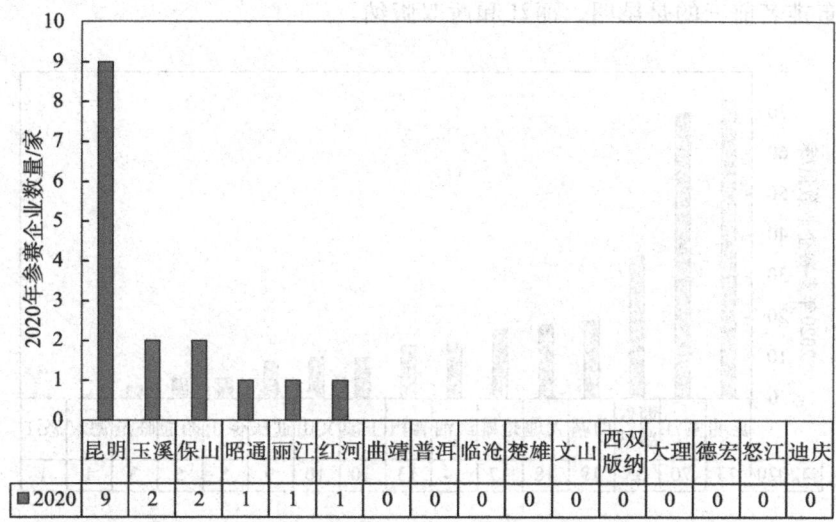

图 2.9　2020 年高端装备制造行业参赛企业数量按市（州）分布情况

如图 2.10 所示，2020 年新材料行业参赛企业数量按市（州）分布排名前三的是昆明、丽江和曲靖。

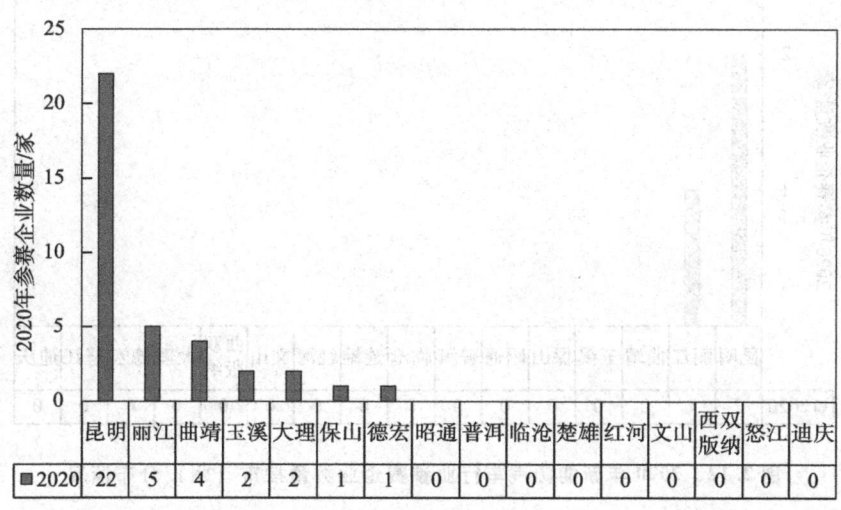

图 2.10　2020 年新材料行业参赛企业数量按市（州）分布情况

如图 2.11 所示，2020 年生物行业参赛企业数量按市（州）分布排名前三的是昆明、丽江和西双版纳。

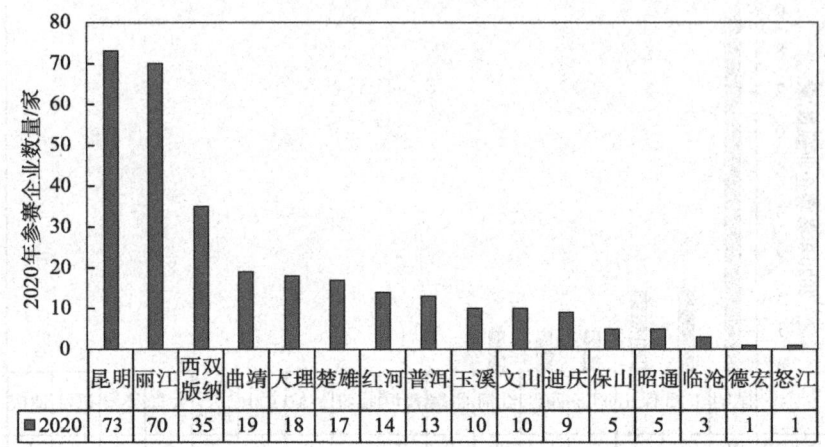

图 2.11　2020 年生物行业参赛企业数量按市（州）分布情况

如图 2.12 所示，2020 年新能源汽车行业参赛企业只有昆明和丽江两个区域。

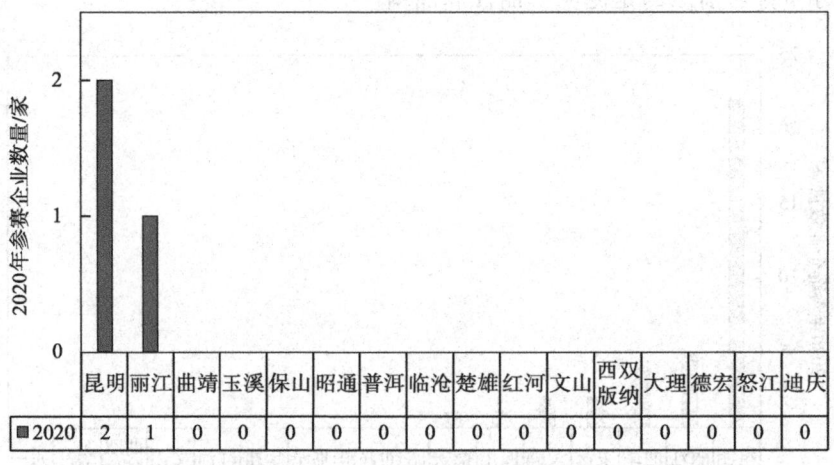

图 2.12　2020 年新能源汽车行业参赛企业数量按市（州）分布情况

如图 2.13 所示，2020 年新能源行业参赛企业数量按市（州）分布排名前三的是昆明、丽江和楚雄、西双版纳、德宏（并列）。

2 参赛企业情况分析

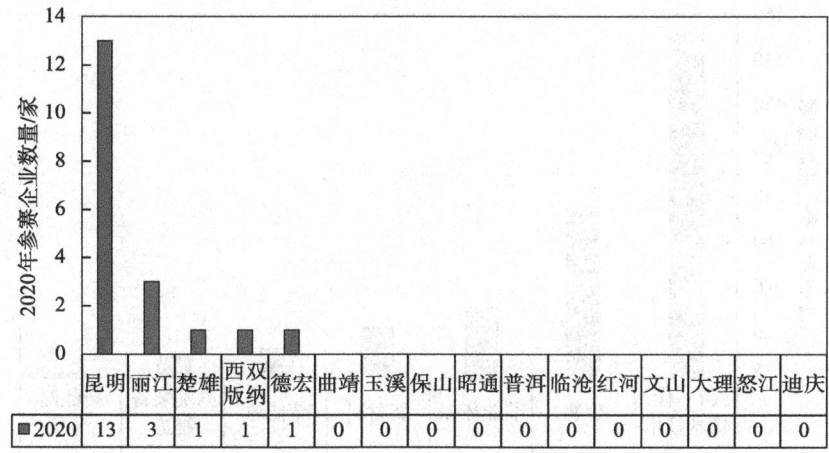

图 2.13 2020 年新能源行业参赛企业数量按市（州）分布情况

如图 2.14 所示，2020 年节能环保行业参赛企业数量按市（州）分布排名前三的是昆明、大理和玉溪、丽江、西双版纳（并列）。

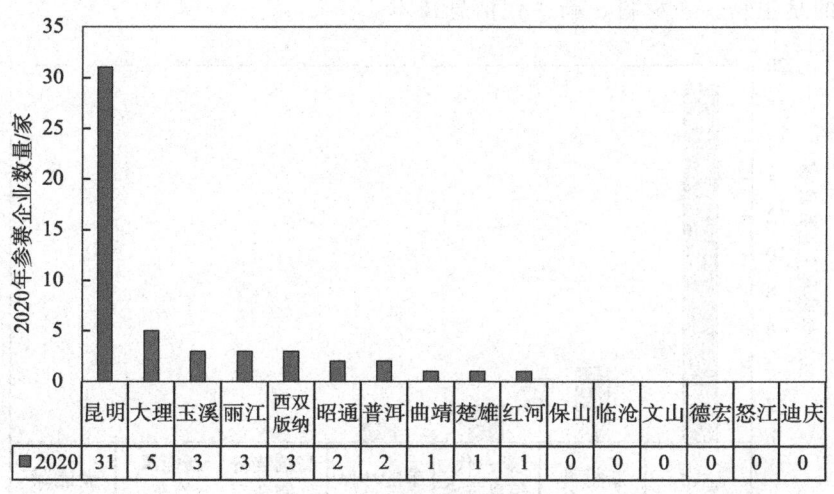

图 2.14 2020 年节能环保行业参赛企业数量按市（州）分布情况

（2）参赛企业按区域—行业分布情况。

如图 2.15 所示，2020 年昆明参赛企业数量按行业分布排名前三的是新一代信息技术、生物、节能环保。

— 21 —

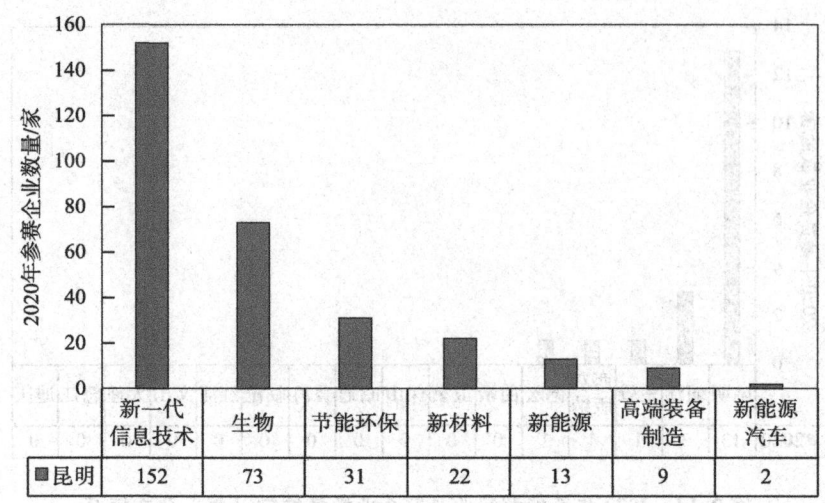

图 2.15　2020 年昆明参赛企业数量按行业分布情况

如图 2.16 所示，2020 年曲靖参赛企业数量按行业分布排名前三的是生物、新材料、新一代信息技术。

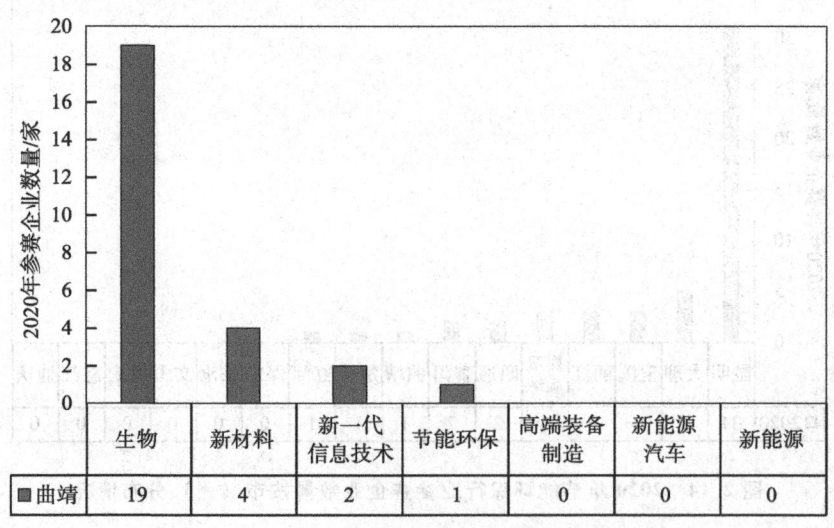

图 2.16　2020 年曲靖参赛企业数量按行业分布情况

如图 2.17 所示，2020 年玉溪参赛企业数量按行业分布排名前三的是生物、新一代信息技术、节能环保。

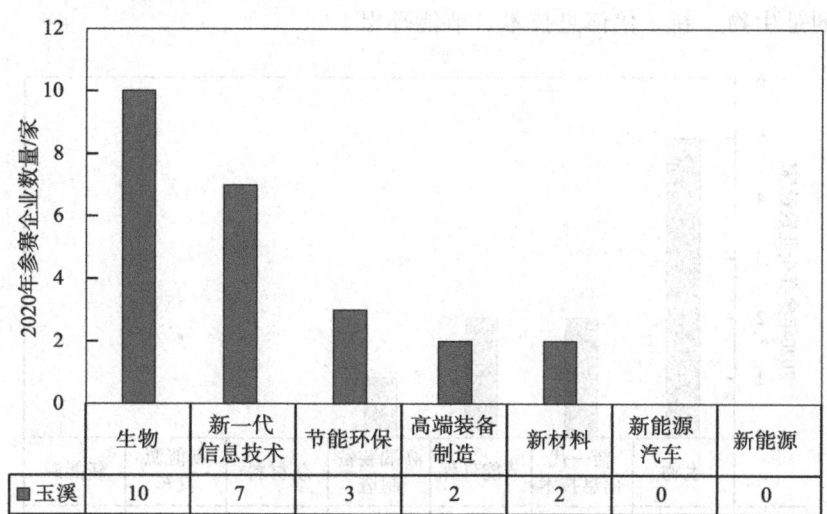

图 2.17　2020 年玉溪参赛企业数量按行业分布情况

如图 2.18 所示，2020 年保山参赛企业数量按行业分布排名前三的是生物、新一代信息技术、高端装备制造。

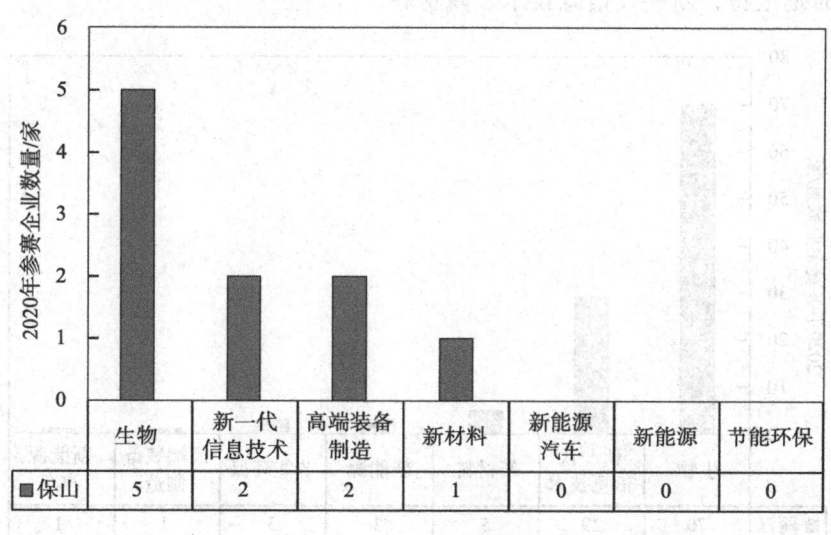

图 2.18　2020 年保山参赛企业数量按行业分布情况

如图 2.19 所示，2020 年昭通参赛企业数量按行业分布排名前三的是生物、新一代信息技术、节能环保。

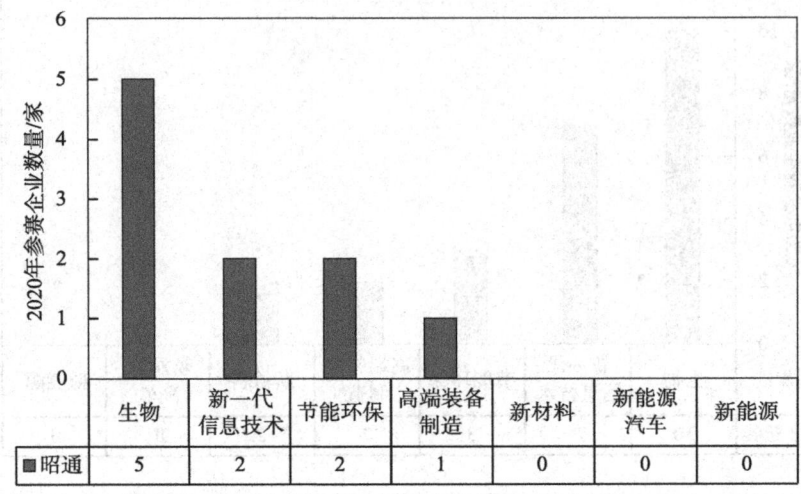

图 2.19　2020 年昭通参赛企业数量按行业分布情况

如图 2.20 所示，2020 年丽江参赛企业数量按行业分布排名前三的是生物、新一代信息技术、新材料。

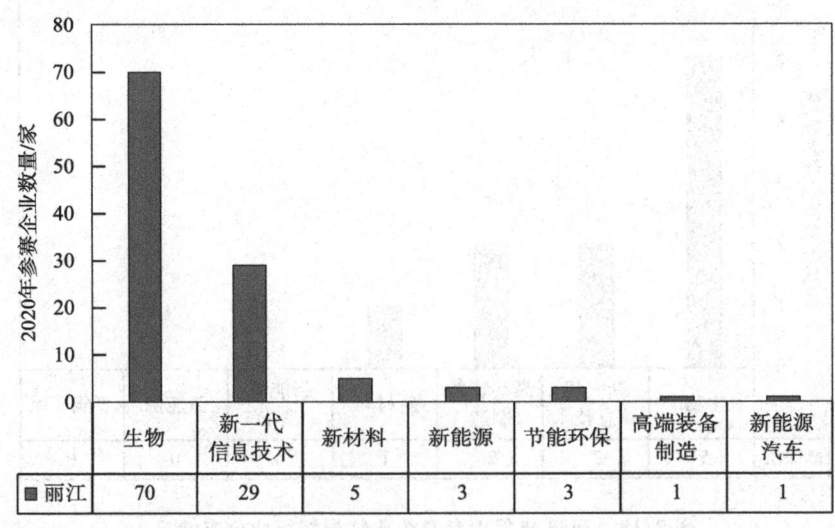

图 2.20　2020 年丽江参赛企业数量按行业分布情况

如图 2.21 所示，2020 年普洱只有生物、新一代信息技术和节能环保三个行业的企业参赛。

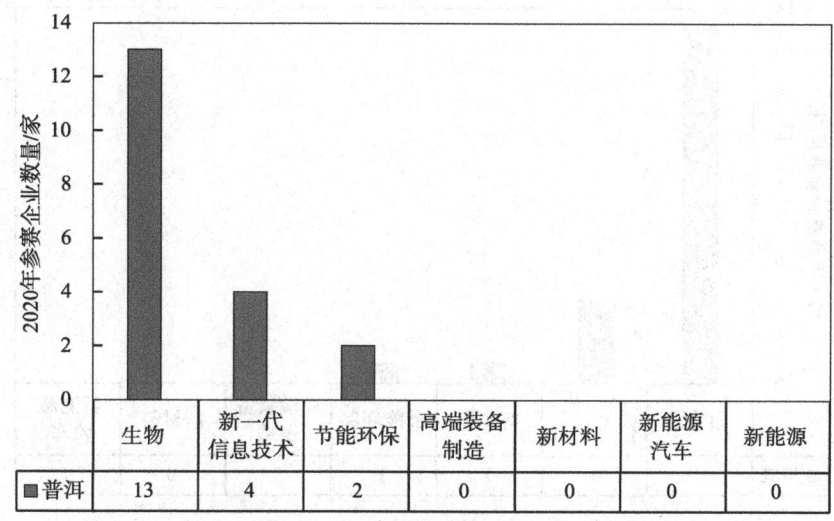

图 2.21　2020 年普洱参赛企业数量按行业分布情况

如图 2.22 所示，2020 年临沧只有生物行业的企业参赛。

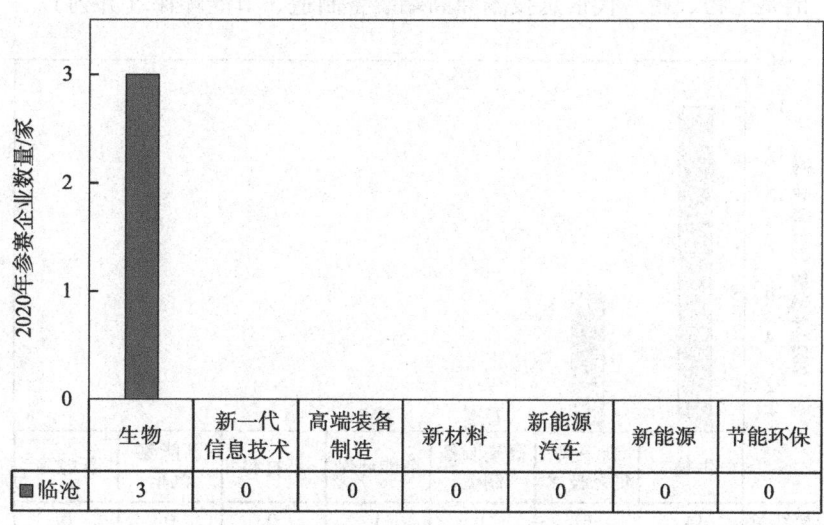

图 2.22　2020 年临沧参赛企业数量按行业分布情况

如图 2.23 所示，2020 年楚雄参赛企业数量按行业分布排名前三的是生物、新一代信息技术和新能源、节能环保（并列）。

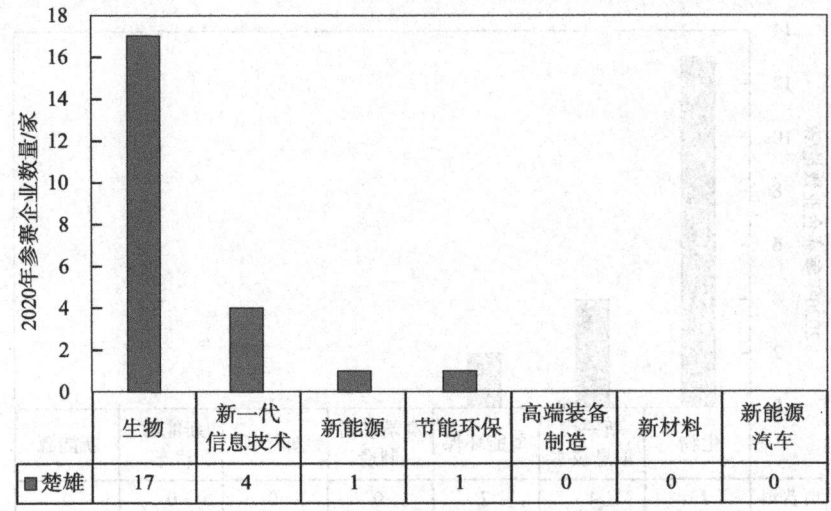

图 2.23　2020 年楚雄参赛企业数量按行业分布情况

如图 2.24 所示，2020 年红河参赛企业数量按行业分布情况排名前三的是生物、新一代信息技术和高端装备制造、节能环保（并列）。

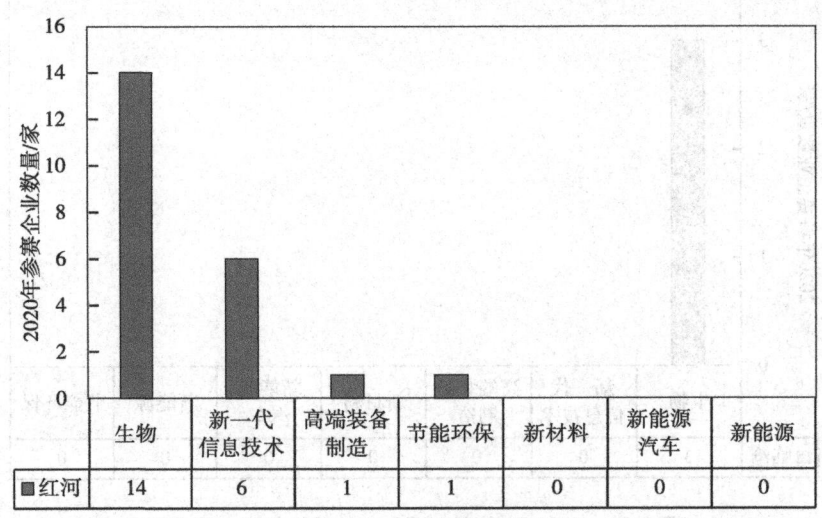

图 2.24　2020 年红河参赛企业数量按行业分布情况

如图 2.25 所示，2020 年文山只有生物和新一代信息技术两个行业的企业参赛。

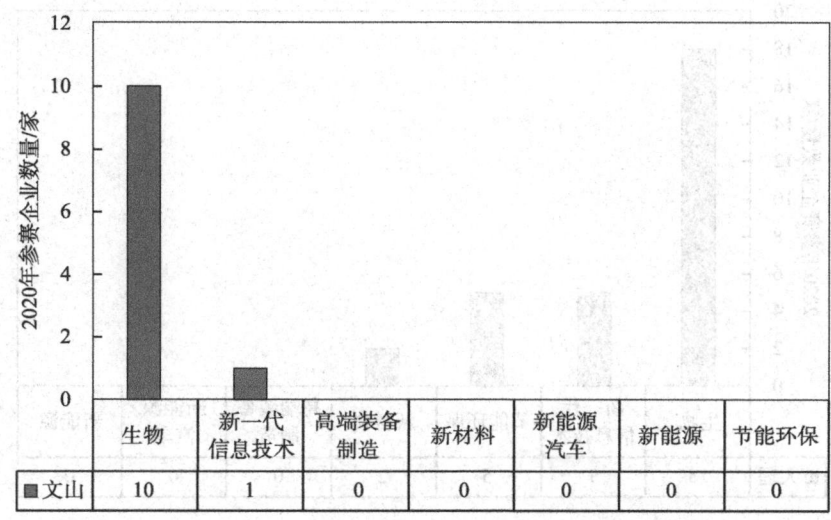

图 2.25　2020 年文山参赛企业数量按行业分布情况

如图 2.26 所示，2020 年西双版纳参赛企业数量按行业分布排名前三的是生物、节能环保、新一代信息技术。

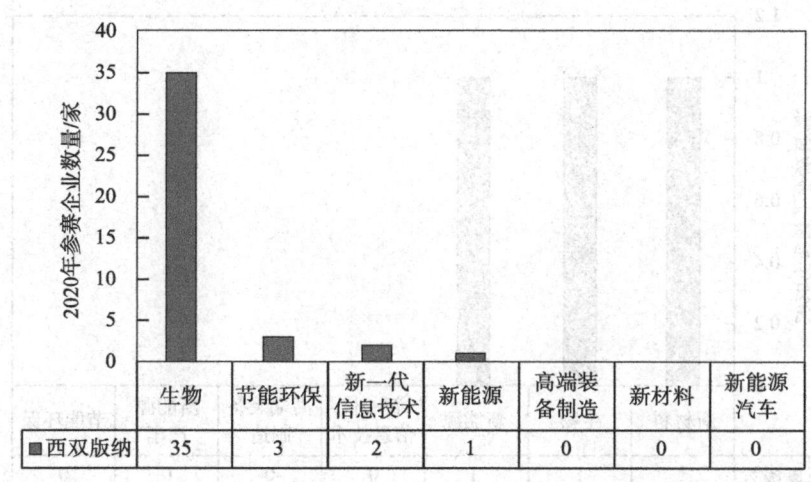

图 2.26　2020 年西双版纳参赛企业数量按行业分布情况

如图 2.27 所示，2020 年大理参赛企业数量按行业分布排名前三的是生物、新一代信息技术和节能环保（并列）、新材料。

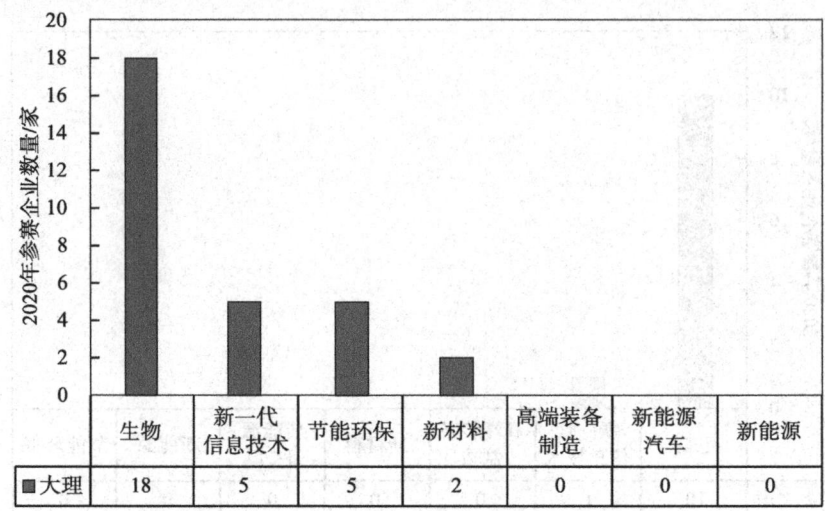

图 2.27　2020 年大理参赛企业数量按行业分布情况

如图 2.28 所示，2020 年德宏只有新材料、生物、新能源三个行业的企业参赛。

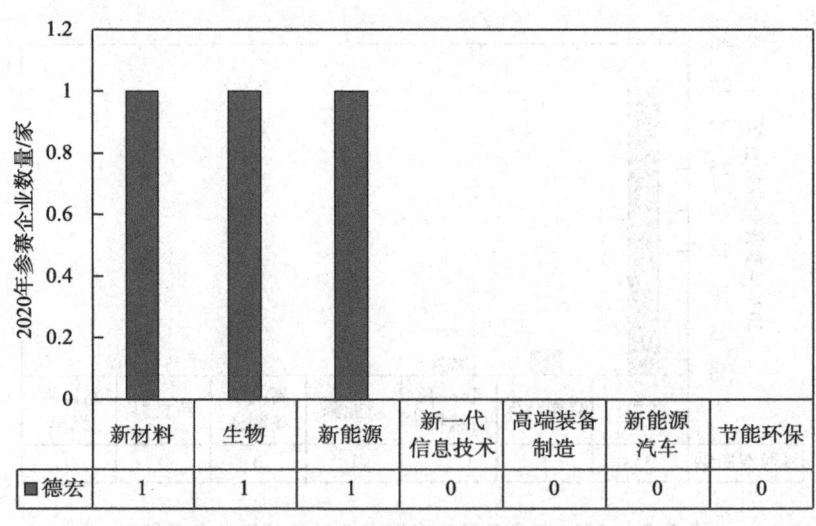

图 2.28　2020 年德宏参赛企业数量按行业分布情况

如图 2.29 所示，2020 年怒江只有生物一个行业的企业参赛。

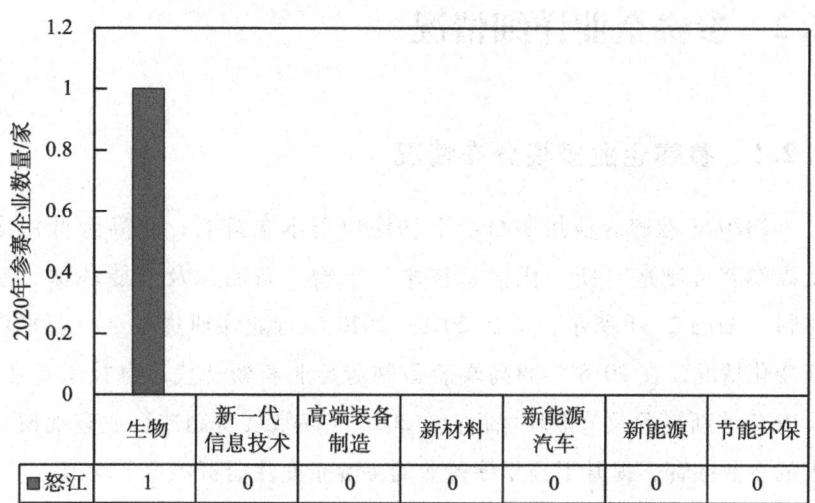

图 2.29　2020 年怒江参赛企业数量按行业分布情况

如图 2.30 所示，2020 年迪庆只有生物一个行业的企业参赛。

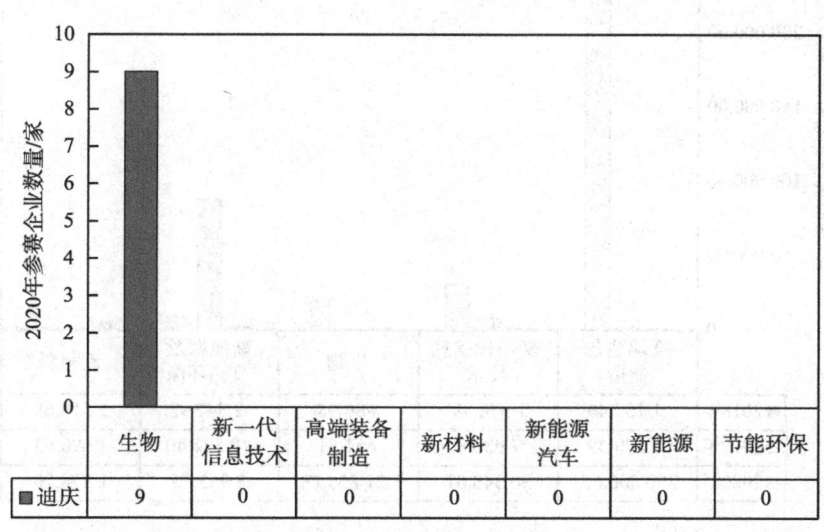

图 2.30　2020 年迪庆参赛企业数量按行业分布情况

2.2 参赛企业详细情况

2.2.1 参赛企业规模分布情况

2020 年参赛企业按照行业平均注册资本金排名,从高到低依次是高端装备制造、新一代信息技术、生物、新能源及节能环保、新材料。如图 2.31 所示,对比 2018—2020 年行业注册资本金行业平均值变化情况,在 2018 年的高端装备制造行业和新一代信息技术行业、2019 年的新能源及节能环保行业、2020 年高端装备制造行业有规模较大的企业参赛,提升了当年该行业的参赛企业注册资本金平均值。

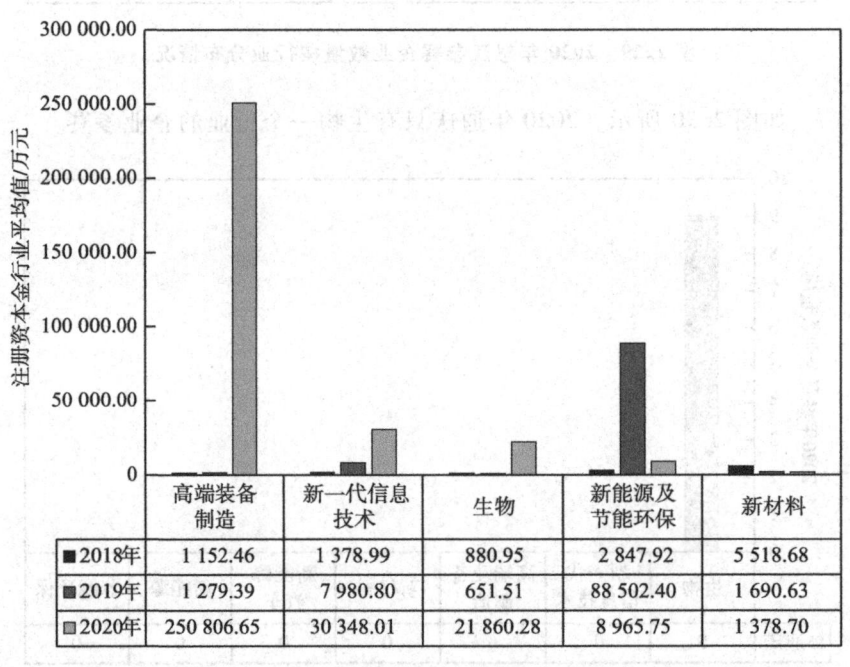

图 2.31 2018—2020 年注册资本金行业平均值

注:2020 年新能源及节能环保行业可细分为新能源(5 330.98 万元)、新能源汽车(2 016.67 万元)、节能环保(1 618.10 万元)三个行业。

根据大赛参赛资格要求，2020年参赛企业均为中小型企业。如图2.32所示，员工人数平均数量排序依次为高端装备制造、新能源汽车、生物、新能源、节能环保、新材料、新一代信息技术，对应行业参赛企业平均人数为59.19人、41.33人、33.27人、30.00人、29.96人、26.73人和19.87人（见图2.32）。

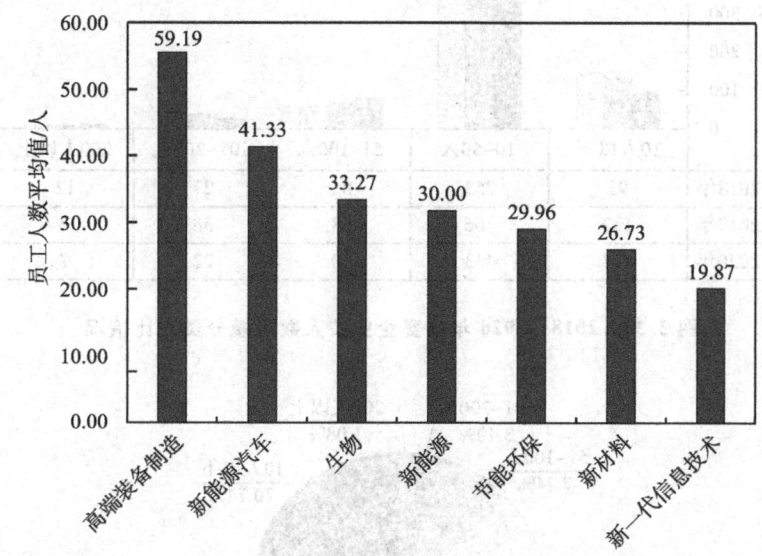

图2.32 2020年参赛企业各行业员工人数平均值情况

如图2.33所示，2018—2020年参赛企业人数在一定范围内浮动，云南省2018—2020年参赛企业人数年均增长率为-5.72%。企业员工人数在10~50人区间的参赛企业数量下降幅度较大。由图2.34可知，2020年，员工人数为10~50人的参赛企业最多，为433家，占比67.03%；10人以下的企业134家，占比20.74%；51~100人的企业50家，占比7.74%；101~200人的企业22家，占比3.40%；200人以上的企业仅有7家，占比1.08%。

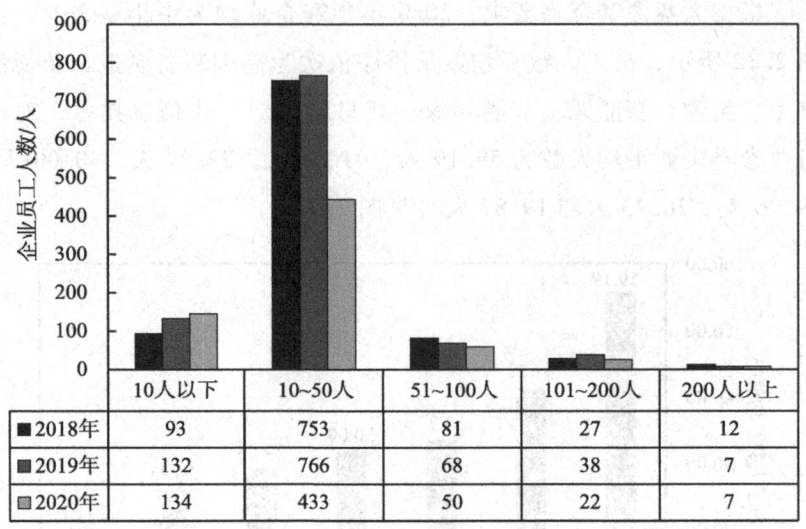

图 2.33　2018—2020 年参赛企业按人数规模分类对比情况

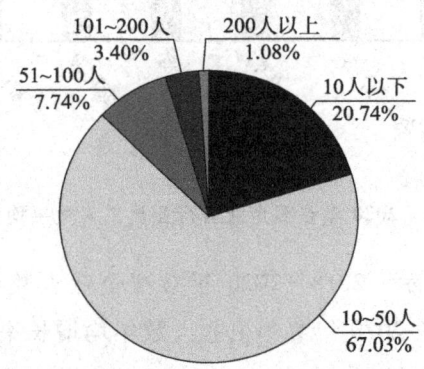

图 2.34　2020 年参赛企业不同企业员工人数规模占比

2.2.2　参赛企业成立年限分布情况

如表 2.5 所示，2020 年所有参赛企业按照行业划分，成立年限长短排序依次为新能源汽车、节能环保、生物、新能源、高端装备制造、新材料、新一代信息技术，平均成立年限分别为 6.67 年、5.71 年、5.53 年、5.47 年、4.88 年、4.76 年、4.44 年。

表 2.5　2020 年参赛企业成立年限

行业	成立年限总计/年	企业数/家	平均成立年限/年
新能源汽车	20	3	6.67
节能环保	297	52	5.71
生物	1677	303	5.53
新能源	104	19	5.47
高端装备制造	78	16	4.88
新材料	176	37	4.76
新一代信息技术	958	16	4.44
合计	3310	646	5.12

如表 2.6 所示，2020 年参赛企业注册资本总和为 8 927 772.17 万元，平均注册资本生物行业最高。

表 2.6　2020 年参赛企业平均注册资本

行业	注册资本总和/万元	企业/家	平均注册资本/万元
生物	6 993 038.47	303	23 079.33
新一代信息技术	1 674 723.80	216	7 753.35
新能源	106 219.53	19	5 590.50
新能源汽车	6 050.00	3	2 016.67
节能环保	84 893.37	52	1 632.56
新材料	54 248.00	37	1 466.16
高端装备制造	8 599.00	16	537.44
合计	8 927 772.17	646	13 820.00

2.2.3　参赛企业法人信息

如图 2.35 所示，2020 年所有参赛企业中，各年龄段法人人数占比排名前三为 41~45 岁、31~35 岁和 36~40 岁。如图 2.36 所示，2020 年所有参赛企业中，按法人学历层次，占比排名前三的为硕士、本科、博士，前三占比合计达 81.87%。同时，通过对 2018—2020 年硕士及以上学历法人占比分析可知，2018 年为 6.63%，2019 年为 8.90%，2020 年为 56.09%。整体来看，高学历法人占比呈上升态势。

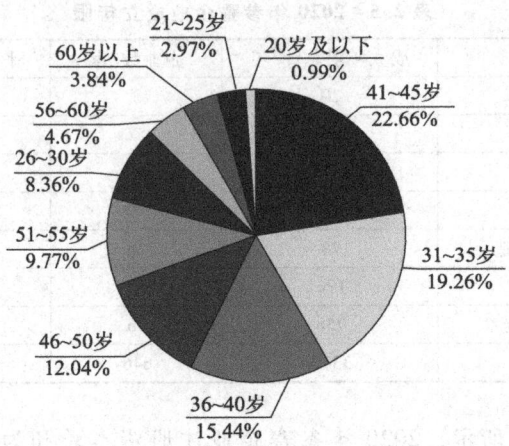

图 2.35　2020 年参赛企业法人年龄分布情况

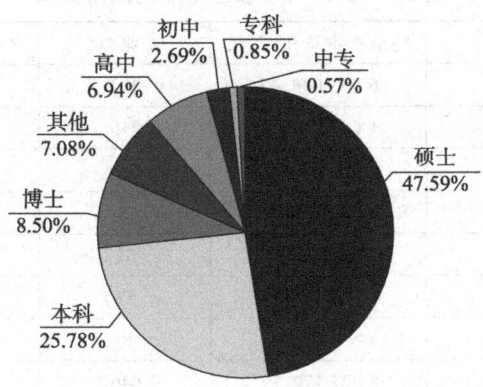

图 2.36　2020 年参赛企业法人学历分布情况

2.2.4　参赛企业研发人员组成情况分析

如图 2.37 所示，按照企业研发人员占比高低排序依次是新一代信息技术、新能源、节能环保、新材料、生物、高端装备制造、新能源汽车。

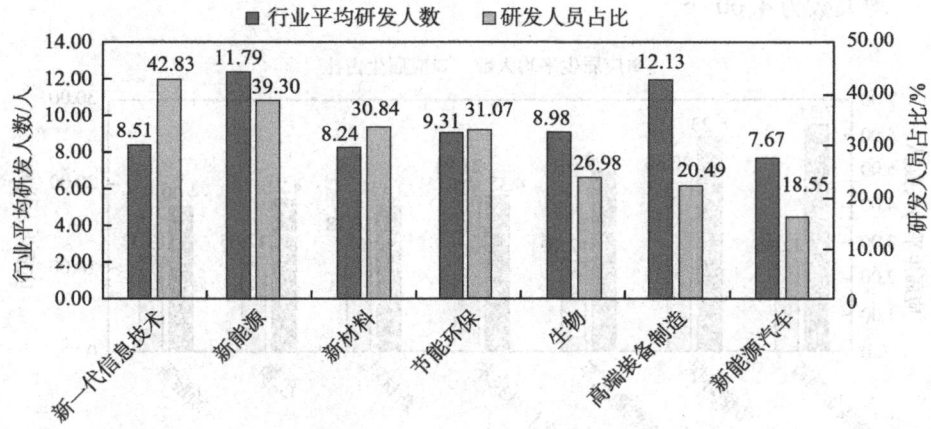

图 2.37　2020 年参赛企业行业平均研发人数和研发人员占比情况

云南赛区参赛企业平均每家企业有员工 28.73 人，研发人员平均为 8.96 人，研发人员的整体占比为 31.18%。特别突出的是新一代信息技术行业中，平均每家企业具有员工 19.87 人，研发人员平均为 8.51 人，占比达到 2.83%，占比为七个行业中最高。

由表 2.7 数据计算可知，2020 年云南省创新创业大赛报名参赛企业平均员工人数为 28.73 人，研发人员占比为 31.18%。

表 2.7　2020 年参赛企业研发人员情况

行业	企业总数/家	员工人数/人	研发人员/人
新一代信息技术	216	4 291	1 838
高端装备制造	16	947	194
新材料	37	989	305
生物	303	10 083	2 720
新能源汽车	3	124	23
新能源	19	570	224
节能环保	52	1 558	484
合计	646	18 562	5 788

如图 2.38 所示，高端装备制造行业平均每个参赛企业应届生人数为 7.31 个，居各行业首位；新能源行业垫底，参赛企业应届生平

均人数为 4.00 个。

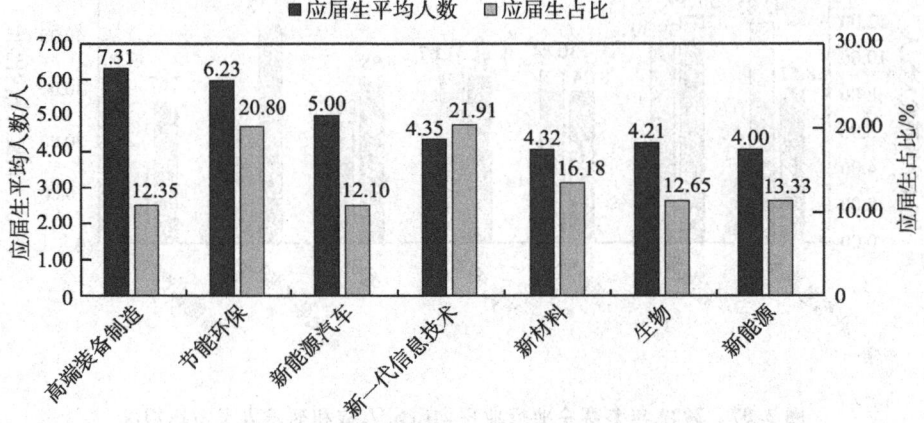

图 2.38 2020 年参赛企业应届生平均人数和应届生占比

而 2019 年参赛企业平均拥有 4.55 个应届生，应届生占总人数比例为 15.09%，1011 个参赛企业为云南省总共解决了 4599 个就业岗位。

如表 2.8 所示，2020 年参加创新创业大赛的企业，平均每个企业博士、硕士、本科生、专科生人员分别为 0.39 人、0.97 人、8.93 人和 14.28 人，其对应在企业总人数中占比分别为 1.34%、3.38%、31.07% 和 49.70%。在各行业中，博士人员占比最高的是节能环保行业，占比为 2.18%，平均每家企业拥有博士 0.65 人；硕士人员占比最高的是新一代信息技术行业，占比为 5.38%，平均每家企业拥有硕士 1.07 人。

表 2.8 2020 年参赛企业人员学历分布

行业	专科		本科		硕士		博士	
	平均人数/人	占比/%	平均人数/人	占比/%	平均人数/人	占比/%	平均人数/人	占比/%
新一代信息技术	6.32	31.83	10.63	53.51	1.07	5.38	0.18	0.91
高端装备制造	33.50	56.60	14.63	24.71	0.56	0.95	0.25	0.42

续表

行业	专科		本科		硕士		博士	
	平均人数/人	占比/%	平均人数/人	占比/%	平均人数/人	占比/%	平均人数/人	占比/%
新材料	14.14	52.88	7.22	27.00	0.70	2.63	0.32	1.21
生物	18.26	54.88	7.67	23.05	0.96	2.89	0.50	1.49
新能源汽车	21.00	50.81	14.67	35.48	0.33	0.81	0.00	0.00
新能源	19.74	65.79	6.79	22.63	1.00	3.33	0.53	1.75
节能环保	15.94	53.21	9.10	30.36	0.98	3.27	0.65	2.18
总计	14.28	49.70	8.93	31.07	0.97	3.38	0.39	1.34

如表 2.9 所示，2019 年参赛企业专科及以上人员占比达 89.77%，平均每个企业博士、硕士、本科生、专科生人员分别为 0.44 人、0.97 人、8.51 人和 20.39 人，其对应在企业总人数中占比分别为 1.22%、3.18%、30.98% 和 54.39%。

表 2.9 2019 年平均每个参赛企业人员学历分布

年份	专科		本科		硕士		博士	
	平均人数/人	占比/%	平均人数/人	占比/%	平均人数/人	占比/%	平均人数/人	占比/%
2019	20.39	54.39	8.51	30.98	0.97	3.18	0.44	1.22

2019 年和 2020 年平均每个参赛企业人员学历分布表明，虽然 2020 年专科以上学历人员占比（85.50%）下降了，但是博士、硕士学历人员占比（4.72%）在提高。

由表 2.10 可知，2020 年参赛企业人员职称为中级及以上人员占比达 8.22%；平均每个企业高级职称、中级职称和初级职称人员分别为 0.87 个、1.48 个和 2.06 个，占比分别为 3.06%、5.16% 和 7.20%。平均每个企业拥有高级技工人员 1.03 人，占比 3.59%。经计算，其中中级及以上人员占比前三的是节能环保行业、新材料行业和新能源行业，占比分别为 11.47%、11.08% 和 9.92%。

表2.10 2020年各行业参赛企业人员职称分布情况

行业	初级职称		中级职称		高级职称		高级技工	
	人数/人	占比/%	人数/人	占比/%	人数/人	占比/%	人数/人	占比/%
新一代信息技术	1.59	7.99	1.25	6.32	0.68	3.40	0.57	2.89
高端装备制造	3.38	5.70	1.88	3.17	0.94	1.58	1.56	2.64
新材料	1.97	7.38	1.81	6.77	1.11	4.15	1.22	4.55
生物	2.30	6.92	1.52	4.56	0.94	2.84	1.23	3.69
新能源汽车	3.67	8.87	1.00	2.42	0.00	0.00	0.33	0.81
新能源	3.16	10.53	2.05	6.84	1.16	3.86	0.95	3.16
节能环保	3.12	10.40	2.25	7.51	1.21	4.04	2.19	7.32
合计	2.17	7.55	1.53	5.32	0.89	3.09	1.08	3.77

由图2.39可知，2019年参赛企业中级及以上人员占比达8.25%；平均每个企业高级职称、中级职称和初级职称人员分别为0.87个、1.62个和2.26个，占比分别为2.88%、5.37%和7.48%；平均每个企业拥有高级技工人员1.18人，占比3.92%。对比2019年和2020年平均每个参赛企业不同学历层次员工数及占比可知，虽然2020年参赛企业几乎所有职称层次平均人数下降了，但高级职称的占比有所提高。

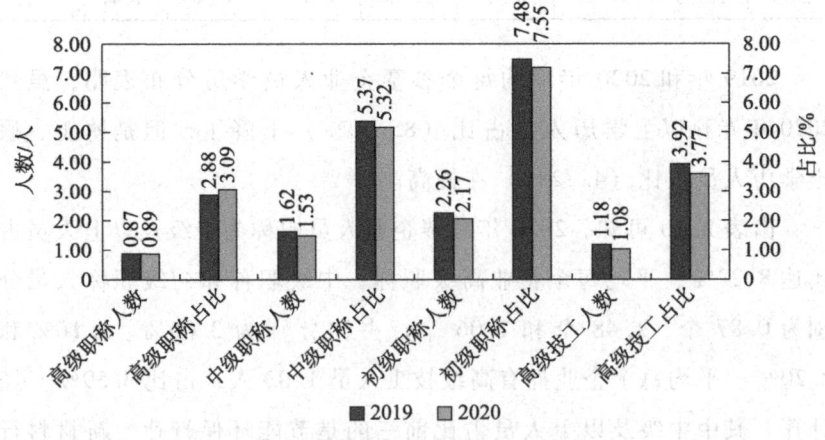

图2.39 2019—2020年平均每个参赛企业不同职称层次人员数及占比

2.2.5 参赛企业核心团队分析

（1）核心团队年龄分布。

2020 年云南省创新创业大赛参赛企业核心团队平均年龄 36.62 岁，共 2535 人。由表 2.11 可知，核心团队平均年龄为 26～35 岁、36～45 岁、46～55 岁 3 个年龄段人数最多，分别占比 36.73%、30.41%、15.62%。新能源汽车行业中，26～35 岁和 36～45 岁年龄段的人数最多，均为 23；其他行业中，除节能环保外，核心团队均为 26～35 岁年龄段的人数最多。

表 2.11　2020 年参赛企业企业组核心团队年龄　　单位：人

行业领域	核心团队人数	核心团队平均年龄	25 岁及以下	26～35 岁	36～45 岁	46～55 岁	56～65 岁	66～75 岁	76～85 岁	86 岁以上
新一代信息技术	850	34.3	119	371	267	68	22	3	0	0
高端装备制造	72	34.85	8	36	17	9	2	0	0	0
新材料	142	37.44	15	55	31	33	8	0	0	0
生物	1177	39.82	76	380	369	258	80	11	2	1
新能源汽车	15	34.27	2	6	6	1	0	0	0	0
新能源	70	39.94	4	23	23	15	4	1	0	0
节能环保	209	39.15	22	60	63	47	15	2	0	0
合计	2535	259.77	246	931	776	431	131	17	2	1

如表 2.12 所示，2019 年参赛企业核心团队中，26～35 岁、36～45 岁、46～55 岁等 3 个年龄段人数最多，分别占比 37.94%、30.66%、16.37%。

表 2.12　2019 年参赛企业各行业核心团队年龄人数　　单位：人

行业	核心团队人数	25 岁及以下	26～35 岁	36～45 岁	46～55 岁	56～65 岁	66～75 岁	76～85 岁	85 岁以上
新材料	88	13	25	20	19	8	1	2	0
新能源及节能环保	315	22	105	95	62	21	4	5	1
先进制造	420	32	144	149	77	13	4	1	0
生物医药	1 884	121	642	620	389	99	11	2	0
互联网	568	121	296	121	23	5	1	1	0
电子信息	336	44	158	102	21	8	2	1	0
合计	3 611	353	1 370	1 107	591	154	23	12	1

从行业角度分析各年龄段人数分布，先进制造行业核心团队 36～45 岁这一年龄段的人数最多，人数为 149 人，占比 35.48%；其余 5 个行业核心团队均为 26～35 岁年龄段的人数最多，其中电子信息、互联网、生物医药、新能源及节能环保、新材料人数依次是 158 人、296 人、642 人、105 人、25 人，占比依次为 47.02%、52.11%、34.08%、33.33%、28.41%。

从年龄段角度分析行业分布，25 岁及以下人数前三名为生物医药、互联网和电子信息；26～35 岁年龄段人数前三名为生物医药、互联网和电子信息；36～45 岁年龄段人数前三名为生物医药、先进制造和互联网；46～55 岁年龄段人数前三名为生物医药、先进制造和新能源及节能环保；56～65 岁年龄段人数前三名为生物医药、新能源及节能环保和先进制造；66～75 岁年龄段人数前三名为生物医药、先进制造和新能源及节能环保；76～85 岁年龄段人数前三名为新能源及节能环保、生物医药和新材料；85 岁以上年龄段只有新能源及节能环保。

（2）核心团队学历分布。

整体来看，2020 年参赛企业专科及以上学历占参赛企业总人数的 92.10%，其中排名前 3 位的学历层次分别是硕士人员、本科人员以及博士人员,分别占参赛企业总人数的 56.62%、23.36% 和 11.27%。2020 年参赛企业各行业核心团队学历人数如表 2.13 所示。

表 2.13　2020 年参赛企业各行业核心团队学历人数　单位:人

学历	新一代信息技术	高端装备制造	新材料	生物	新能源汽车	新能源	节能环保	合计
博士	98	7	12	121	1	4	21	264
硕士	501	37	66	569	10	33	110	1326
本科	162	20	40	267	3	18	37	547
专科	1	0	0	18	0	1	0	20
专科以下	40	4	16	97	1	8	19	185

如表 2.14 和表 2.15 所示,整体来看,2019 年参赛企业核心团队中专科人员、本科人员较多。

表 2.14　2019 年参赛企业核心团队学历分布情况　单位:人

学历	电子信息	互联网	生物医药	先进制造	新能源及节能环保	新材料	合计
博士	20	85	169	39	31	28	372
硕士	102	190	381	122	121	54	970
本科	1171	1739	3736	1746	826	227	9445
专科	688	1723	8913	3346	1539	372	16581
专科以下	23	414	1744	215	526	144	3066
合计	2004	4151	14943	5468	3043	825	30434

表 2.15　2019 年参赛企业各行业核心团队学历占比情况 单位:%

学历	电子信息	互联网	生物医药	先进制造	新能源及节能环保	新材料
博士	1.00	2.05	1.13	0.71	1.02	3.39
硕士	5.09	4.58	2.55	2.23	3.98	6.55
本科	58.43	41.89	25.00	31.93	27.14	27.52
专科	34.33	41.51	59.65	61.19	50.58	45.09

从行业角度分析,电子信息和互联网行业本科人员占比最高,分别达到58.43%和41.89%;生物医药、先进制造、新能源及节能环保、新材料4个行业中专科人员比例最高,其占比依次是59.65%、61.19%、50.58%和45.09%。

(3) 核心团队创业次数。

2020年参赛企业平均每家企业核心团队创业1.48人次。

如表2.16和表2.17所示,从创业次数角度分析,将创业次数分成1～10次和10次以上共11个类别,通过对各行业内不同创业次数人员数占本行业核心团队总人数的比例分析得出:创业过1次的类别中,占比最高的是新能源汽车行业;创业过2次的类别中,占比最高的是新一代信息技术行业;创业过3次的类别中,占比最高的是新能源行业;创业过4次的类别中,占比最高的是生物行业;创业过5次的类别中,占比最高的是高端装备制造行业;创业过6次的类别中,占比最高的是高端装备制造;创业过7次的类别中,占比最高的是生物行业;创业过8～10次的类别中,占比最高的均是生物行业;创业过10次以上的类别中,占比最高的是新一代信息技术行业。

表2.16　2020年参赛企业各行业核心团队创业次数人员分布　　单位:人

行业	创业次数										
	1次	2次	3次	4次	5次	6次	7次	8次	9次	10次	10次以上
节能环保	155	36	13	1	2	0	0	0	0	0	0
新能源	49	13	7	0	0	0	0	0	0	0	0
新能源汽车	13	2	0	0	0	0	0	0	0	0	0
生物	861	148	82	38	25	7	3	1	2	1	0
新材料	103	23	10	4	1	0	0	0	0	0	0
高端装备制造	52	9	7	0	2	1	0	0	0	0	0
新一代信息技术	577	165	65	16	4	3	1	0	1	0	4

表 2.17　2020 年参赛企业各行业核心团队创业次数人员占比

行业	占本行业总人数比例/%										
	1次	2次	3次	4次	5次	6次	7次	8次	9次	10次	10次以上
新一代信息技术	69.02	19.74	7.78	1.91	0.48	0.36	0.12	0.00	0.12	0.00	0.48
高端装备制造	73.24	12.68	9.86	0.00	2.82	1.41	0.00	0.00	0.00	0.00	0.00
新材料	73.05	16.31	7.09	2.84	0.71	0.00	0.00	0.00	0.00	0.00	0.00
生物	73.72	12.67	7.02	3.25	2.14	0.60	0.26	0.09	0.17	0.09	0.00
新能源汽车	86.67	13.33	0.00	0.00	0.00	0.00	0.00	0.00	0.00	0.00	0.00
新能源	71.01	18.84	10.14	0.00	0.00	0.00	0.00	0.00	0.00	0.00	0.00
节能环保	74.88	17.39	6.28	0.48	0.97	0.00	0.00	0.00	0.00	0.00	0.00

从行业角度分析,所有行业核心团队人员创业次数比例最高的都是 1 次。这说明,参赛企业核心团队以首次创业为主流。从平均每家企业核心团队创业次数来看,新能源汽车、生物和高端装备制造行业位居前三。

(4) 以大学生为核心团队的科技企业分析。

如表 2.18 所示,2020 年参赛企业中大学生创业的科技企业有 164 家,相较于 2018 年的 36 家和 2019 年的 48 家,有大幅提高。其中数量居前三名的行业分别是新一代信息技术(65 家)、生物(62 家)、新材料和新能源及节能环保(各 14 家)。2020 年新一代信息技术和生物行业核心团队为大学生的科技企业数量创近三年新高。

表 2.18　参赛企业中大学生科技企业数量(2018—2020 年)　　单位:家

年份	新一代信息技术	高端装备制造	新材料	生物	新能源及节能环保	合计
2018	16	5	1	11	3	36
2019	19	3	2	20	4	48
2020	65	9	14	62	14	164

注:2020 年新能源行业、节能环保行业分别为 1 家、13 家。

(5) 核心团队成员留学情况。

2018—2020 年参赛企业核心团队成员留学人数如表 2.19 所示。2020 年参赛企业核心团队中共有留学人员 166 人。2020 年留学人数居前三的行业是生物行业、新一代信息技术行业、新能源及节能环保行业，人数依次为 80 人、64 人、15 人。其中，新一代信息技术行业核心团队近三年留学人员持续增加，高端装备制造行业核心团队 2020 年留学人员人数下降严重。

表 2.19 参赛企业核心团队留学情况（2018—2020 年） 单位：人

行业	2018 年	2019 年	2020 年
新一代信息技术	55	62	64
高端装备制造	8	19	1
新材料	16	8	6
生物	81	64	80
新能源及节能环保	19	15	15
合计	179	168	166

注：2020 年新能源及节能环保行业中，新能源行业为 3 人，节能环保行业为 12 人。

(6) 核心团队院士情况。

如表 2.20 所示，2020 年参赛企业核心团队中共有院士 15 人（中国科学院院士 12 人，中国工程院院士 3 人），平均每 46.87 个企业核心团队中有 1 名院士。

表 2.20 参赛企业核心团队院士情况（2018—2020 年）单位：人

年份	新一代信息技术	高端制备制造	新材料	生物	新能源及节能环保	合计
2020	1	0	1	12	1	15
2019	0	0	2	11	3	16
2018	1	0	2	6	3	12

2020 年参赛企业生物行业共有院士 12 人（中国科学院院士 11 人，中国工程院院士 1 人），新一代信息技术行业共有中国工程院院

士 1 人，新能源节能环保行业共有中国工程院院士 1 人，新材料行业共有中国科学院院士 1 人。从近三年来看，2018 年参赛企业核心团队中共有院士 12 人，2019 年共有 16 人。

如表 2.21 所示，2020 年云南省创新创业大赛参赛企业中，大学生科技企业有 164 家；参赛企业核心团队中共有中国科学院院士 12 人，中国工程院院士 3 人。生物行业参赛企业在院士数量上相比于其他行业有较大优势。

表 2.21　2020 年参赛企业核心团队大学生科技企业情况及院士情况分析

行业	大学生科技企业/家	中国科学院院士/人	中国工程院院士/人
新一代信息技术	65	0	1
高端装备制造	9	0	0
新材料	14	1	0
生物	62	11	1
新能源汽车	0	0	0
新能源	1	0	0
节能环保	13	0	1
合计	164	12	3

2.2.6　参赛企业类型分析

如表 2.22 所示，2020 年参赛企业中，有限责任公司数量最多，共 460 家，其他私营企业 127 家，股份有限公司 50 家。2020 年参赛企业共 646 家，计算可得上述三类企业分别占比 71.21%、19.66%、7.74%。

表 2.22　2020 年参赛企业类型情况　　　　　单位：家

行业	内资企业	联营企业	有限责任公司	股份有限公司	私营企业	港、澳、台商投资企业	外商投资企业
节能环保	1	0	33	4	14	0	0
新能源	0	0	11	1	6	0	1
新能源汽车	0	0	3	0	0	0	0

续表

行业	内资企业	联营企业	有限责任公司	股份有限公司	私营企业	港、澳、台商投资企业	外商投资企业
生物	4	1	199	35	63	1	0
新材料	0	0	28	3	6	0	0
高端装备制造	0	0	11	0	5	0	0
新一代信息技术	0	0	175	7	33	0	1
合计	5	1	460	50	127	1	2

2020年有限责任公司和私营企业数量大幅增加，由2019年的348家、2家分别增加至460家、127家。

2.2.7 上市公司控股及新三板企业分析

如表2.23所示，2020年参赛企业中，共有14家企业为上市公司控股，分别属于新一代信息技术、高端装备制造、生物和节能环保行业；共有8家企业于新三板上市，分别属于新一代信息技术、高端装备制造和生物行业。回顾参赛企业上市情况，2018—2020年分别有3家、3家、14家上市公司控股企业参赛，有5家、3家、8家新三板企业参赛。

表2.23 2018—2021年参赛企业上市情况　　单位：家

行业	2018年		2019年		2020年	
	上市公司控股	新三板	上市公司控股	新三板	上市公司控股	新三板
新能源及节能环保	0	2	0	0	2	0
生物	1	1	0	1	5	2
新材料	1	1	0	0	0	0
高端装备制造	0	0	1	1	1	1
新一代信息技术	1	1	2	1	6	5

2.2.8 参赛企业核心技术分析

如表 2.24 所示,2020 年参赛企业共掌握发明专利 384 项,实用新型专利 1639 项,外观设计专利 125 项,软件著作权 957 件,各类自主研发核心技术 23 件(其中 18 件植物新品种,药品批文 3 件,1 件医疗器械注册证,17 件集成电路布图)。其中,生物行业拥有最多的发明专利和实用新型专利,分别达到了 253 项和 836 项;新一代信息技术行业的软件著作权有 819 件,数量明显高于其他行业;各类自主研发核心技术中,大部分是生物行业的植物新品种。从行业掌握最多的知识产权类型来看,新一代信息技术行业是软件著作权,其他六个行业都是实用新型专利。

表 2.24 2020 年参赛企业核心技术情况

行业	发明专利/项	实用新型专利/项	外观设计专利/项	软件著作权/件	药品批文/件	医疗器械注册证/件	集成电路布图/件	植物新品种/种	国家级农作物品种/种
节能环保	45	296	2	20	0	0	0	0	0
新能源	18	125	4	7	0	0	0	0	0
新能源汽车	0	15	0	15	0	0	0	0	0
生物	253	836	65	67	2	1	0	18	0
新材料	25	79	22	1	0	0	0	0	0
高端装备制造	4	113	7	28	0	0	0	0	0
新一代信息技术	39	175	25	819	1	0	1	0	0
合计	384	1639	125	957	3	1	1	18	0

如表 2.25 所示,2018—2020 年参赛企业核心技术中,2020 年相较于 2019 年和 2018 年,实用新型专利、发明专利两项下降明显。

表 2.25　2018—2020 年参赛企业核心技术情况

年份	发明专利/项	实用新型专利/项	外观设计专利/项	软件著作权/件	药品批文/件	医疗器械注册证/件	集成电路布图/件	植物新品种/种	国家级农作物品种/种
2018	853	3247	318	856	10	1	0	10	9
2019	791	3304	186	1014	0	2	0	42	2
2020	384	1639	125	957	3	1	1	18	0

2.2.9　拥有国家级或省部级研发机构情况

如表 2.26 所示，2020 年参赛企业共拥有国家级研发机构 652 家，省部级研发机构 2 家，国家级研发机构数量相对于前两年有了大幅提高。其中，拥有国家级研发机构数量排名前三的为生物、新一代信息技术、新能源及节能环保行业，2 家省部级研发机构均属于生物行业。2019 年参赛企业没有国家级研发机构，有 2 家省部级研发机构，均为生物医药行业企业。

表 2.26　2018—2020 年参赛企业拥有国家级或省部级研发机构数量　　　　单位：家

行业	2018 年		2019 年		2020 年	
	国家级研发机构数量	省部级研发机构数量	国家级研发机构数量	省部级研发机构数量	国家级研发机构数量	省部级研发机构数量
新能源及节能环保	0	1	0	0	72	0
生物	2	4	0	0	292	2
新材料	0	0	0	0	38	0
高端装备制造	0	0	0	0	18	0
新一代信息技术	0	0	0	0	232	0
合计	2	5	0	2	652	2

注：2020 年新能源及节能环保行业包括新能源汽车、新能源、节能环保 3 个行业。

2.2.10 国家级高新区、开发区、国家级孵化器、国家级大学科技园、国家备案的众创空间参赛企业情况

由表 2.27 可知,2020 年参赛企业共有 28 家来自各大国家级园区,其中来自国家级高新区 16 家,国家级孵化器 7 家,国家级大学科技园 1 家,国家备案的众创空间 4 家。从所属园区来看,来自国家级高新区、国家备案的众创空间和国家级孵化器的企业新一代信息技术行业企业最多,来自国家级大学科技园的企业为节能环保行业。从行业来看,生物和节能环保两个行业来自国家级高新区的数量最多,均为 4 家。

表 2.27 2020 年参赛企业园区分布   单位:家

行业	国家级大学科技园	国家级高新区	国家备案的众创空间	国家级孵化器
节能环保	1	4	1	2
新能源	0	0	0	0
新能源汽车	0	0	0	0
生物	0	4	0	1
新材料	0	0	0	0
高端装备制造	0	0	0	1
新一代信息技术	0	8	3	3
合计	1	16	4	7

2.2.11 登记入库的科技型中小企业

由表 2.28 可知,2020 年参赛的企业中,属于登记入库的科技型中小企业共 112 家,其中生物行业数量最多,达到 47 家;新一代信息技术行业次之,有 40 家。

表 2.28　2018—2020 年参赛企业中登记入库的
科技型中小企业行业分布　　　　单位：家

年份	新一代信息技术	高端装备制造	新材料	生物	新能源及节能环保	合计
2018	33	17	12	135	24	221
2019	29	18	5	45	18	115
2020	40	3	4	47	18	112

注：2020 年新能源及节能环保企业分别为 4 家、14 家。

如表 2.29 所示，在 2020 年 130 个报名的科技型中小企业中，有 20 个企业属于国家级高新区企业，数量最多。

表 2.29　2020 年报名企业登记入库的科技型中小企业园区分布　　单位：家

行业	企业总数	国家级大学科技园	国家级高新区	国家备案的众创空间	国家级孵化器
新一代信息技术	47	0	10	2	1
高端装备制造	3	0	0	0	1
新材料	7	1	1	1	1
生物	53	1	3	1	3
新能源汽车	1	0	0	0	0
新能源	5	0	1	0	0
节能环保	14	0	5	0	1
合计	130	2	20	5	7

注：其他归属类型的企业未在表中列出。

2.2.12　国家级高新技术企业

如表 2.30 所示，2020 年参赛企业中被认定为国家级高新技术企业的共有 93 家，其中数量前三分别是新一代信息技术行业（34 家）、生物行业（33 家）、新能源及节能环保行业（20 家）。回顾三年参赛情况，2018 年参赛企业中国家级高新技术企业有 94 家，2019

年相较2018年有所增多,共有102家。其中新一代信息技术行业在2018—2020年的统计中,2020年国家级高新技术企业数最多,相较前两年有了大幅提升。

表2.30　2018—2020年参赛企业中国家级高新技术企业数量

年份	新一代信息技术行业	高端装备制造行业	新材料行业	生物行业	新能源及节能环保行业	合计
2018	19	10	9	36	20	94
2019	25	11	2	39	25	102
2020	34	4	2	33	20	93

注:2020年新能源行业企业为3家,节能环保行业企业为16家。

如表2.31所示,2020年参赛企业中被认定为国家级高新技术企业的,属于新一代信息技术的最多,占36.56%。

表2.31　国家级高新技术企业(初赛)园区分布　　　单位:家

行业领域	企业总数	国家级大学科技园	国家级高新区	国家备案的众创空间	国家级孵化器
新一代信息技术	34	0	8	3	3
高端装备制造	4	0	0	0	1
新材料	2	0	0	0	0
生物	33	0	4	0	1
新能源汽车	1	0	0	0	0
新能源	3	0	0	0	0
节能环保	16	1	4	1	2
合计	93	1	16	4	7

注:其他归属类型的企业未在表中列出。

2.2.13　参赛目的

如表2.32所示,2020年参赛企业中,20%的企业希望通过参赛获得荣誉,19%的企业寻求融资机会(融资类型包括股权融资、债券融资),20%的企业寻求学习交流机会,21%的企业寻求政府政策支持,20%的企业希望借以对企业进行宣传展示。

表2.32 2019—2020年参赛企业的参赛目的　　　单位:%

年份	获得荣誉	寻求股权融资机会	寻求债权融资机会	寻求学习交流机会	寻求政府政策支持	宣传展示
2019	21	13	5	19	22	20
2020	20	13	6	20	21	20

3 获奖情况分析

3.1 获奖概况

第九届中国创新创业大赛云南赛区暨第六届云南省创新创业大赛,经初赛、复赛和决赛三个阶段的角逐,共计决出 192 个获奖项目。其中,获奖企业 166 个(成长组 130 个,初创组 36 个),团队组获奖项目 16 个,组织奖 10 个。获奖的 166 个企业中,近三年首次参赛企业获奖项目 101 个,占比 60.84%;近三年有过参赛经验的获奖企业 65 个,占比 39.16%。其中 2018—2020 年连续三年参赛的获奖项目 23 个,2018 年参赛且 2020 年获奖的项目为 1 个,2019 年参赛且 2020 年获奖的项目为 42 个。

表 3.1 内所有比例都是以该类型内所有参赛企业为基数,经分析表明,646 家参赛企业,进入复赛的概率为 50.77%,进入决赛的概率为 25.70%,最终获得一等奖、二等奖、三等奖、优胜奖的概率分别为 2.17%、4.02%、6.19% 和 13.31%。其中,首次参赛企业的晋级及获奖率全面高于有过一次参赛经验和连续三年参赛经验的企业。这说明,有过参赛经验的参赛企业在比赛中并没有因此而提高晋级概率及获奖率。

表 3.1 2020 年参赛企业晋级、获奖情况

参赛情况	企业数量和占参赛数比例	初赛	复赛	决赛	一等奖	二等奖	三等奖	优胜奖
首次参赛	企业数量/家	412	201	101	6	17	21	57
	占参赛数比例/%	63.78	31.11	15.63	0.93	2.63	3.25	8.82
仅2018年或2019年参赛	企业数量/家	137	74	42	4	5	16	17
	占参赛数比例/%	21.21	11.46	6.50	0.62	0.77	2.48	2.63
连续三年参赛	企业数量/家	97	53	23	4	4	3	12
	占参赛数比例/%	15.02	8.20	3.56	0.62	0.62	0.46	1.86
整体情况	企业数量/家	646	328	166	14	26	40	86
	占参赛数比例/%	100.00	50.77	25.70	2.17	4.02	6.19	13.31

3.2 获奖情况分析（按区域）

3.2.1 获奖（含优胜奖）情况

如图 3.1 所示，大赛获奖企业数按区域划分，排名前三市（州）为昆明、西双版纳、丽江，获奖企业数分别为 85 家、21 家、11 家。如表 3.2 所示，进步最大的有怒江、玉溪、临沧，而退步较大的有曲靖、德宏、楚雄。

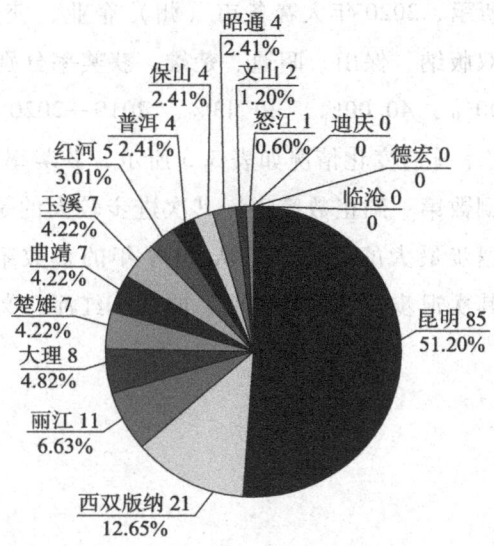

图 3.1　2020 年云南省 16 个市（州）获奖（含优胜奖）企业数量及占比情况

表 3.2　2018—2020 年 16 个市（州）获奖（含优胜奖）企业数排名

市（州）	2018 年排名	2019 年排名	2020 年排名
昆明	1	1	1
西双版纳	6	2	2
丽江	2	6	3
大理	3	5	4
楚雄	4	4	5
曲靖	5	3	5
玉溪	7	12	5
红河	8	7	6
普洱	9	9	7
保山	12	10	7
昭通	10	13	7
文山	15	11	8
怒江	14	16	8
迪庆	11	14	9
德宏	16	8	9
临沧	13	15	9

如图3.2所示,2020年大赛各市(州)企业,获奖率排名前五的是怒江、西双版纳、保山、昭通、楚雄,获奖率分别为100.00%、51.22%、40.00%、40.00%、30.43%。2019—2020年16个市(州)企业获奖率排名变化情况如表3.3所示,获奖率排名进步最大的是怒江,从倒数第一到正数第一,其次进步较大的是昭通、楚雄、玉溪、大理;退步最大的是德宏,从2019年的正数第一到2020年的倒数第二,其次退步较大的是昆明、曲靖、红河、文山、迪庆。

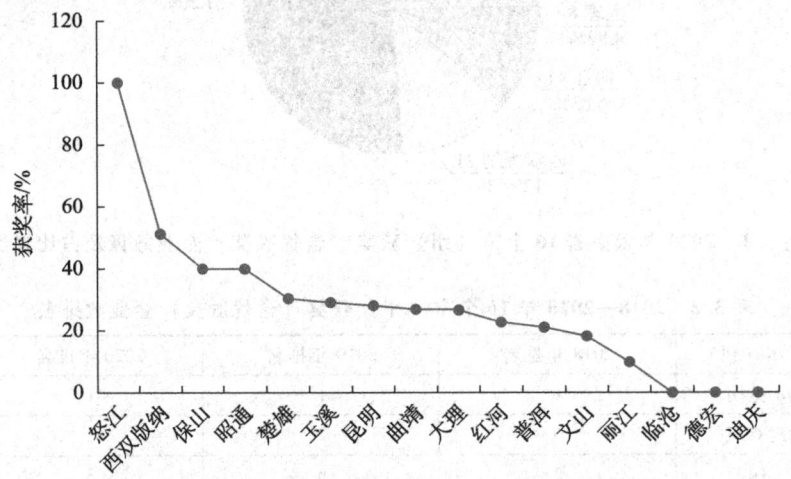

图3.2 云南省16个市(州)企业获奖率(含优胜奖)情况(2020年)

表3.3 2019—2020年各市(州)企业获奖率(含优胜奖)排名情况

市(州)	2019年排名	2020年排名
怒江	16	1
西双版纳	2	2
保山	3	3
昭通	12	3
楚雄	9	4
玉溪	10	5
昆明	4	6
曲靖	5	7

续表

市（州）	2019年排名	2020年排名
大理	13	8
红河	6	9
普洱	11	10
文山	8	11
丽江	14	12
临沧	15	13
德宏	1	13
迪庆	7	13

3.2.2 一、二、三等奖获奖情况

由表3.4和图3.3可知，2020年第九届中国创新创业大赛云南赛区暨第六届云南省创新创业大赛获得一、二、三等奖的企业按区域划分，排名前五名市（州）为昆明、西双版纳、曲靖、丽江、保山，获奖企业数分别为38家、17家、5家、4家、3家，前五名市（州）获奖企业占全部获奖企业比例达84.81%，其中昆明更是占比达48.10%。表3.5为2019—2020年16个市（州）一、二、三等奖获奖企业数排名。

表3.4 2018—2020年云南省16个市（州）企业一、二、三等奖获奖率

市（州）	2018年			2019年			2020年		
	获奖企业数/家	参赛企业数/家	获奖率/%	获奖企业数/家	参赛企业数	获奖率/%	获奖企业数/家	参赛企业数/家	获奖率/%
保山	2	24	8.33	1	12	8.33	3	10	30.00
楚雄	3	66	4.55	4	51	7.84	2	23	8.70
大理	4	57	7.02	0	105	0.00	2	30	6.67
德宏	0	5	0.00	2	11	18.18	0	3	0.00
迪庆	2	18	11.11	1	12	8.33	0	9	0.00

续表

市（州）	2018年			2019年			2020年		
	获奖企业数/家	参赛企业数/家	获奖率/%	获奖企业数/家	参赛企业数	获奖率/%	获奖企业数/家	参赛企业数/家	获奖率/%
红河	2	34	5.88%	2	29	6.90%	2	22	9.09%
昆明	64	409	15.65%	61	368	16.58%	38	302	12.58%
丽江	13	150	8.67%	2	126	1.59%	4	112	3.57%
临沧	1	8	12.50%	0	8	0.00%	0	3	0.00%
怒江	1	6	16.67%	0	3	0.00%	1	1	100.00%
普洱	6	28	21.43%	2	35	5.71%	3	19	15.79%
曲靖	7	51	13.73%	7	56	12.50%	5	26	19.23%
文山	0	15	0.00%	3	21	14.29%	1	11	9.09%
西双版纳	7	24	29.17%	9	49	18.37%	17	41	41.46%
玉溪	5	31	16.13%	2	21	9.52%	0	24	0.00%
昭通	3	40	7.50%	2	32	6.25%	1	10	10.00%

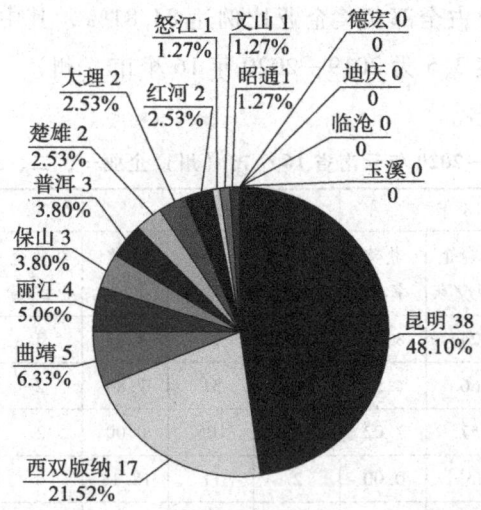

图3.3　2020年云南省16个市（州）一、二、三等奖获奖企业占比

表 3.5　2019—2020 年 16 个市（州）一、二、三等奖获奖企业数排名

市（州）	2019 年	2020 年
昆明	1	1
西双版纳	2	2
曲靖	3	3
丽江	6	4
保山	10	5
普洱	9	5
楚雄	4	6
大理	5	6
红河	7	6
怒江	16	7
文山	11	7
昭通	13	7
德宏	8	8
迪庆	14	8
临沧	15	8
玉溪	12	8

如图 3.4 所示，2020 年第六届云南省创新创业大赛各市（州）企业一、二、三等奖获奖率排名前五的是怒江、西双版纳、保山、曲靖、普洱，获奖率分别为 100.00%、41.46%、30.00%、19.23%、15.79%。如表 3.6 所示，2019—2020 年 16 个市（州）企业一、二、三等奖获奖率排名，进步最大的是怒江，从倒数第二到正数第一；其次进步较大的是普洱、大理、保山、昭通、一、二、三等奖获奖率排名退步较大的是德宏、玉溪、迪庆。

— 59 —

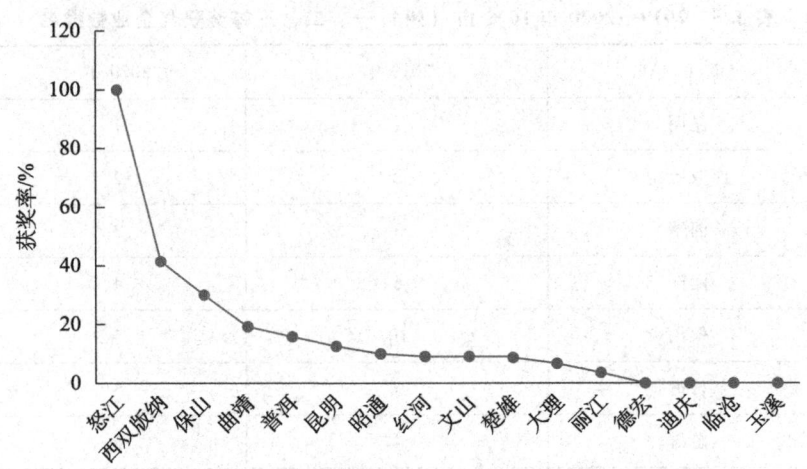

图 3.4 云南省 16 个市（州）企业一、二、三等奖获奖率

表 3.6 2019—2020 年 16 个市（州）企业一、二、三等奖获奖率排名

市（州）	2019 年获奖率排名	2020 年获奖率排名
怒江	15	1
西双版纳	1	2
保山	7	3
曲靖	5	4
普洱	12	5
昆明	3	6
昭通	11	7
红河	10	8
文山	4	8
楚雄	9	9
大理	16	10
丽江	13	11
德宏	2	12
迪庆	8	12
临沧	14	12
玉溪	6	12

3.3 获奖情况分析（按行业）

3.3.1 获奖（含优胜奖）情况

如图3.5所示，2020年第九届中国创新创业大赛云南赛区暨第六届云南省创新创业大赛获奖企业数按行业划分，排名依次为生物、新一代信息技术、节能环保、高端装备制造、新能源、新材料、新能源汽车，获奖企业数分别为93家、42家、13家、7家、5家、5家、1家。其中生物行业获奖企业数占比达56.02%。表3.7、表3.8（注：2020年行业分类有调整，余同）为2018—2020年各行业获奖（含优胜奖）企业数、获奖率排名情况。

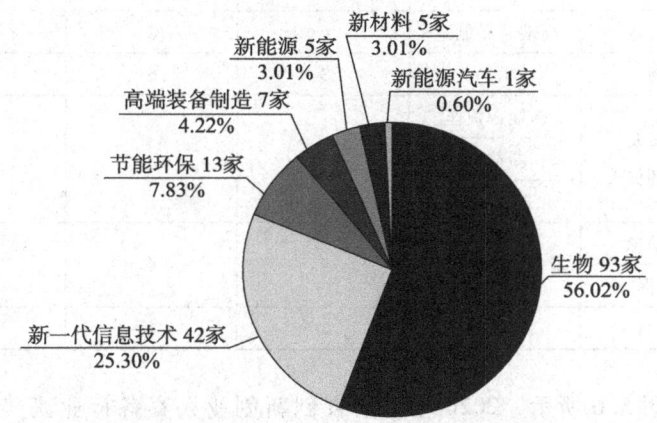

图3.5 2020年各行业获奖企业占比情况

表 3.7 2018—2020 年各行业获奖（含优胜奖）数企业排名变化情况

行业		2018 获奖企业数排序	2019 获奖企业数排序	2020 获奖企业数排序
生物医药	生物	1	1	1
电子信息互联网	新一代信息技术	2	2	2
新能源及节能环保	节能环保	3	4	3
	新能源			
	新能源汽车			
先进制造	高端装备制造	5	5	4
新材料	新材料	4	3	5

表 3.8 2018—2020 年各行业企业获奖率（含优胜奖）排名情况

行业		2018 年获奖率排名	2019 年获奖率排名	2020 年获奖率排名
先进制造	高端装备制造	6	2	1
生物	生物	3	6	2
新能源及节能环保	新能源汽车	2	3	3
	新能源			
	节能环保			
电子信息互联网	新一代信息技术	4	4	4
新材料	新材料	1	1	5

如图 3.6 所示，2020 年云南省创新创业大赛各行业获奖率排名为：高端装备制造、生物、新能源及节能环保、新一代信息技术、新材料。其中获奖率持续提高的是高端装备制造。2018—2020 年各行业企业获奖率排名变化情况如表 3.8 所示。

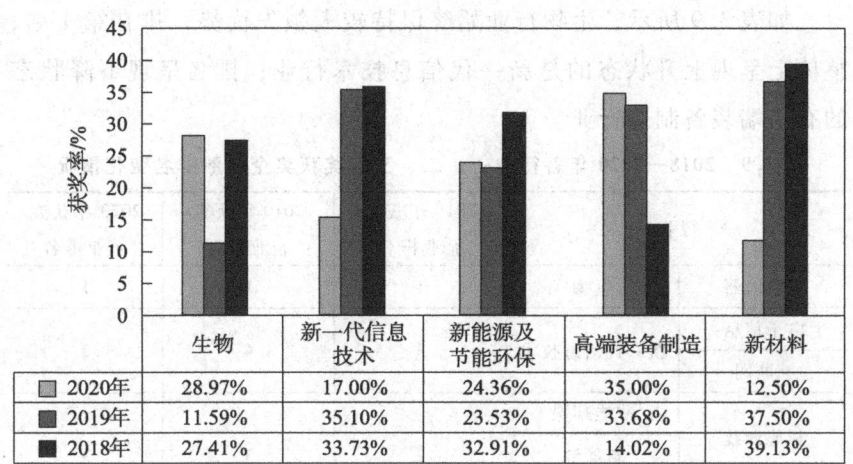

图 3.6 2018—2020 年各行业企业获奖率（含优胜奖）情况

3.3.2 一、二、三等奖获奖情况

2020 年第九届中国创新创业大赛云南赛区暨第六届云南省创新创业大赛获得一、二、三等奖的企业数按行业划分情况如图 3.7 所示，排名依次是生物、新一代信息技术、节能环保、高端装备制造、新能源、新材料、新能源汽车。其中生物行业获一、二、三等奖企业数占比 61%，企业数最多。

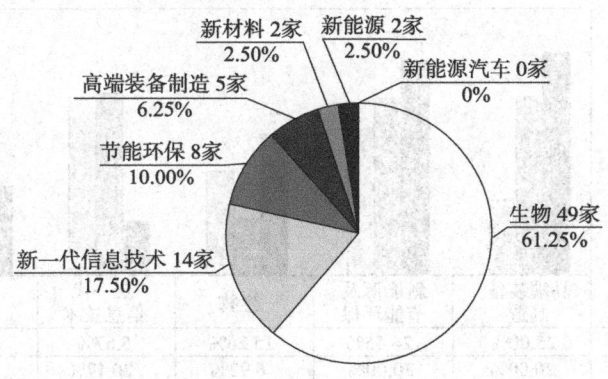

图 3.7 2020 年各行业一、二、三等奖获奖企业占比情况

如表 3.9 所示,生物行业始终保持较大领先优势,排在第 1 名;整体上呈现上升状态的是新一代信息技术行业;排名呈现下降状态的有高端装备制造行业。

表 3.9 2018—2020 年各行业一、二、三等奖获奖企业数排名变化情况

行业		2018 年获奖企业排名	2019 年获奖企业排名	2020 年获奖企业排名
生物医药	生物	1	1	1
电子信息	新一代信息技术	3	4	2
互联网				
新能源及节能环保	节能环保	2	3	3
	新能源			
	新能源汽车			
先进制造	高端装备制造	5	2	4
新材料	新材料	4	5	5

如图 3.8 所示,2020 年云南省创新创业大赛各行业企业一、二、三等奖获奖率排名依次是高端装备制造、新能源及节能环保、生物、新一代信息技术、新材料。其中高端装备制造行业一、二、三等奖获奖率持续提高。2018—2020 年各行业企业获奖率排名变化情况如表 3.10 所示。

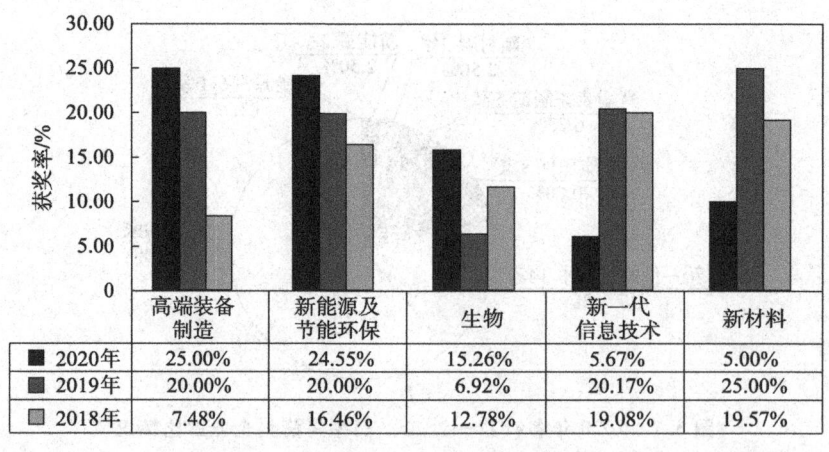

图 3.8 2018—2020 年各行业获奖率

表 3.10　2018—2020 年行业企业一、二、三等奖获奖概率排名变化情况

行业		2018年获奖率排名	2019年获奖率排名	2020年获奖率排名
先进制造	高端装备制造	5	2	1
生物医药	生物	3	5	2
新能源及节能环保	节能环保	2	3	3
	新能源			
	新能源汽车			
电子信息互联网	新一代信息技术	4	5	4
新材料	新材料	1	1	5

3.4　获奖情况分析（按行业—区域、区域—行业）

3.4.1　按行业—区域分布情况

如图 3.9 所示，2020 年生物行业获奖企业数量按市（州）分布，排前三名的区域是昆明、西双版纳和丽江。

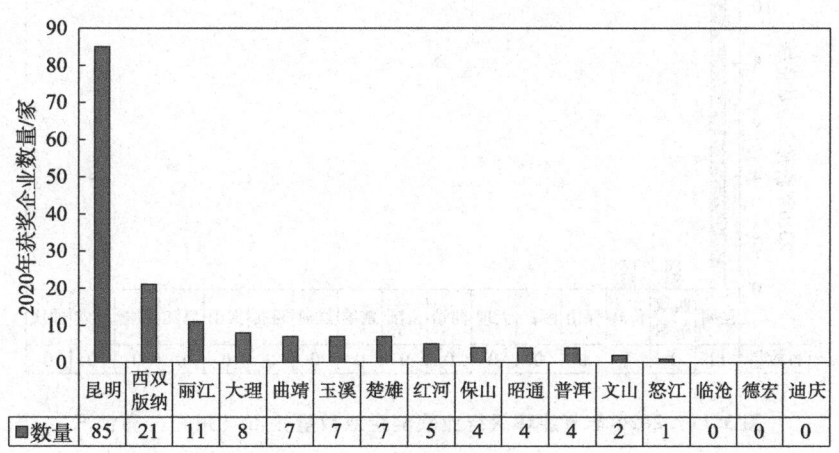

图 3.9　2020 年生物行业获奖企业数量按市（州）分布情况

如图3.10所示，2020年高端装备制造行业获奖企业区域只有昆明（5家）和保山（2家）。

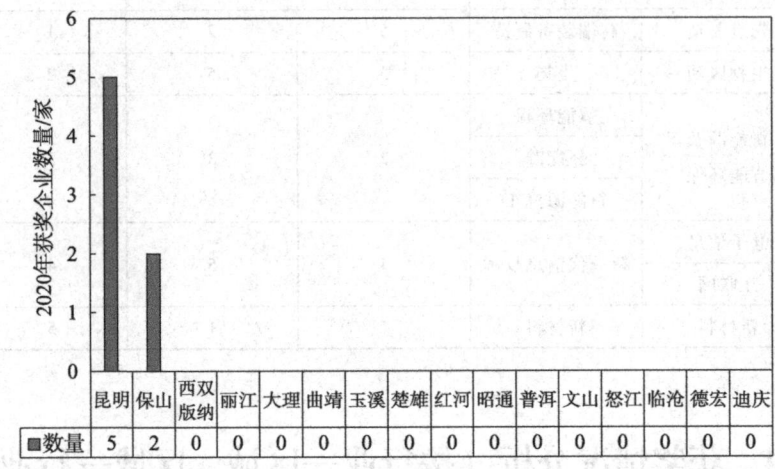

图3.10 2020年高端装备制造行业获奖企业数量按市（州）分布情况

如图3.11所示，2020年节能环保行业获奖企业区域只有昆明（11家）、西双版纳（1家）和普洱（1家）。

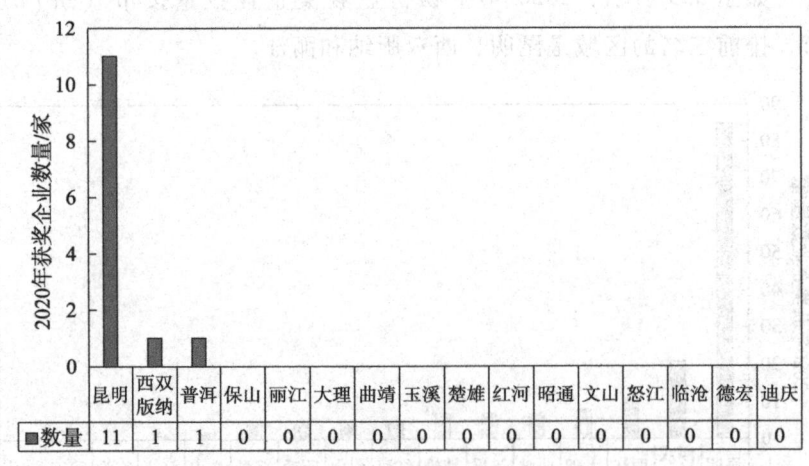

图3.11 2020年节能环保行业获奖企业数量按市（州）分布情况

如图 3.12 所示，2020 年新材料行业获奖企业区域有昆明（3家）、曲靖（1家）和丽江（1家）。

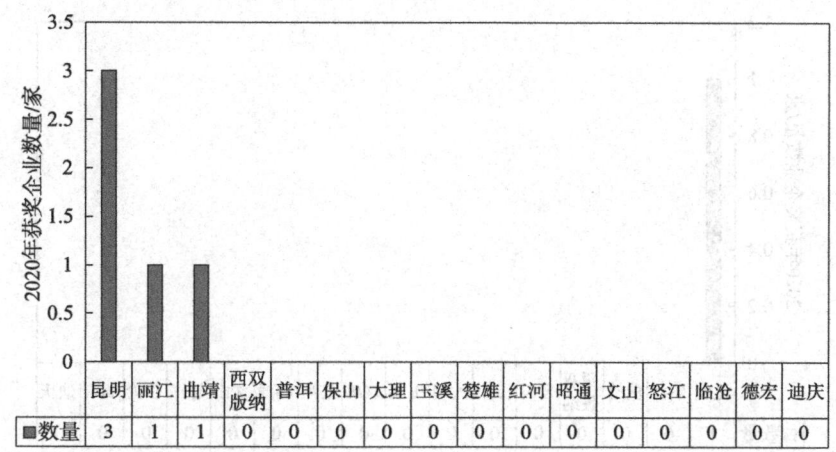

图 3.12　2020 年新材料行业获奖企业数量按市（州）分布情况

如图 3.13 所示，2020 年新能源行业获奖企业均在昆明（5家）。

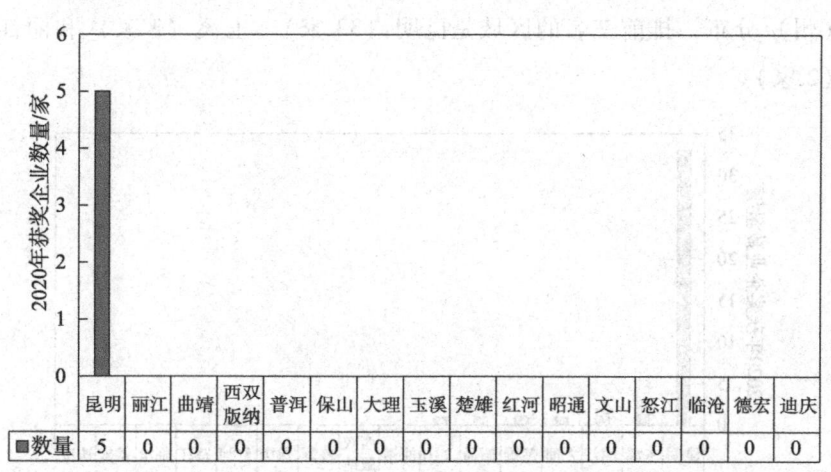

图 3.13　2020 年新能源行业获奖企业数量按市（州）分布情况

如图 3.14 所示，2020 年新能源汽车行业获奖企业区域只有昆明（1 家）。

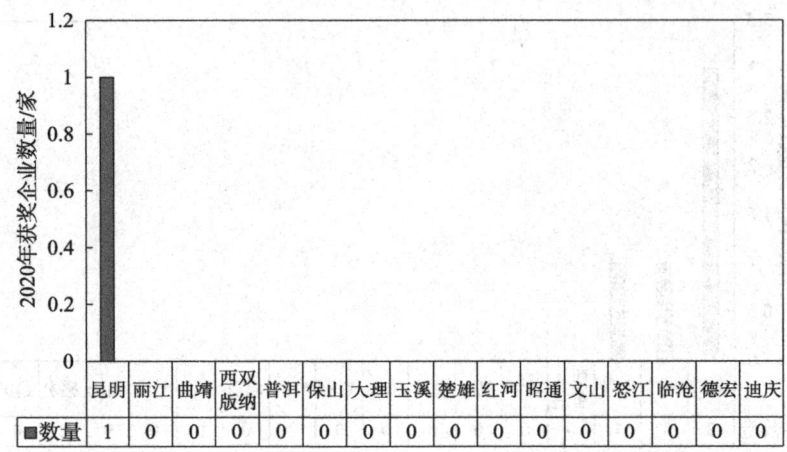

图 3.14 2020 年新能源汽车行业获奖企业数量按市（州）分布情况

如图 3.15 所示，2020 年新一代信息技术行业获奖企业数量按市（州）分布，排前三名的区域是昆明（33 家）、玉溪（3 家）和丽江（2 家）。

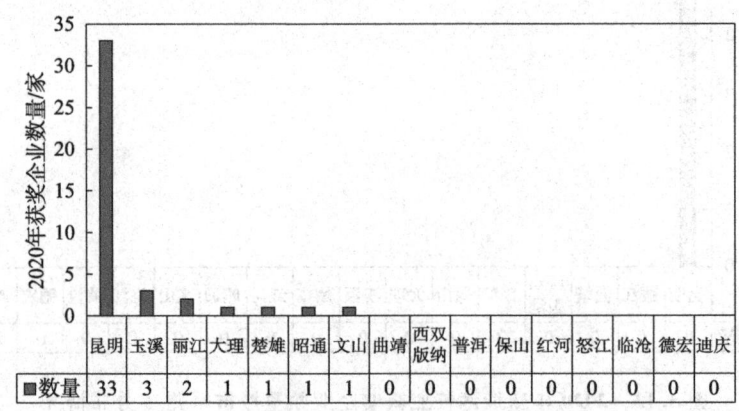

图 3.15 2020 年新一代信息技术行业获奖企业数量按市（州）分布情况

3.4.2 按区域—行业分布情况

如图 3.16 所示，2020 年昆明市获奖企业数量按行业分布排名前三的行业是新一代信息技术（33 家）、生物（27 家）、节能环保（11 家）。

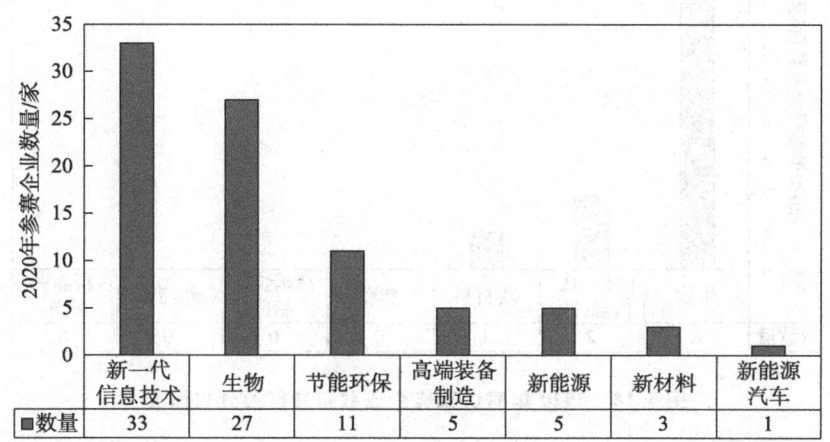

图 3.16 2020 年昆明市获奖企业数量按行业分布情况

如图 3.17 所示，2020 年玉溪市获奖企业数量按行业分布排名前二的行业是生物（4 家）和新一代信息技术（3 家）。

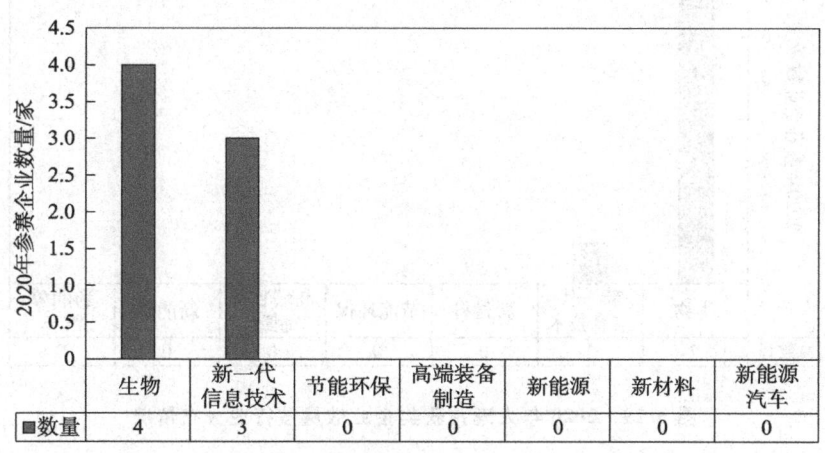

图 3.17 2020 年玉溪市获奖企业数量按行业分布情况

如图3.18所示，2020年丽江获奖企业数量按行业分布排名前三的行业是生物（8家）、新一代信息技术（2家）、新材料（1家）。

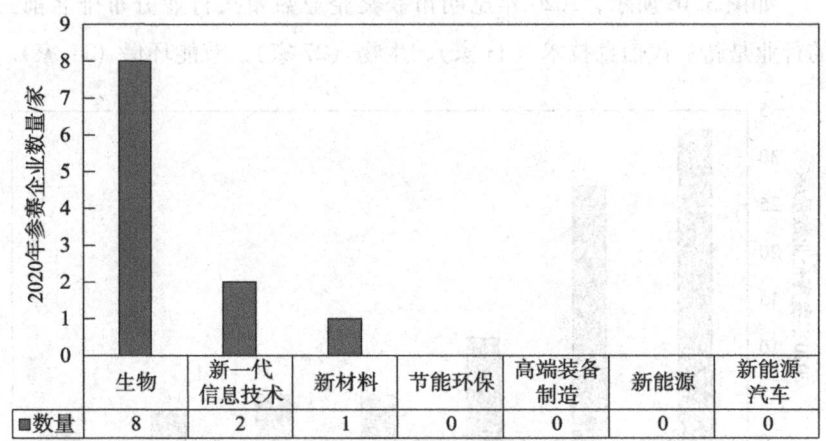

图3.18　2020年丽江获奖企业数量按行业分布情况

如图3.19所示，2020年大理州获奖企业数量按行业分布排名前二的行业是生物（7家）、新一代信息技术（1家）。

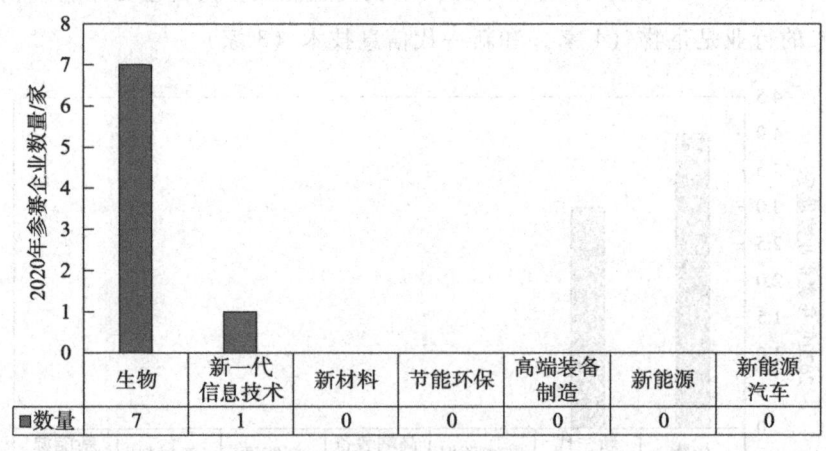

图3.19　2020年大理州获奖企业数量按行业分布情况

如图 3.20 所示，2020 年楚雄获奖企业数量按行业分布排名前二的行业是生物（6 家）、新一代信息技术（1 家）。

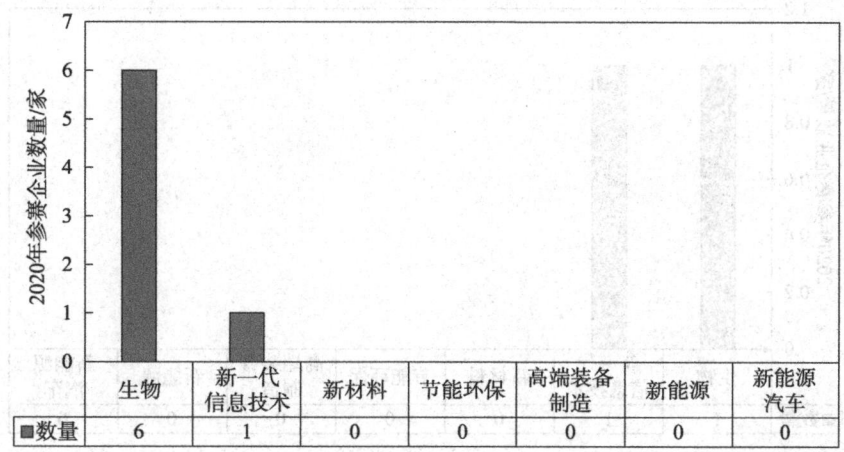

图 3.20 2020 年楚雄获奖企业数量按行业分布情况

如图 3.21 所示，2020 年昭通获奖企业数量按行业分布排名前二的行业是生物（3 家）、新一代信息技术（1 家）。

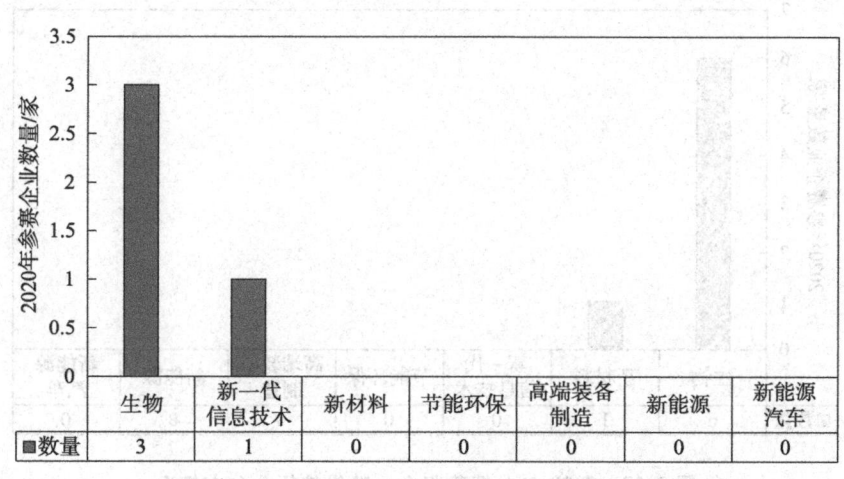

图 3.21 2020 年昭通获奖企业数量按行业分布情况

如图 3.22 所示,2020 年文山州获奖企业数量按行业分布排名前二的为生物(1 家)和新一代信息技术行业(1 家)。

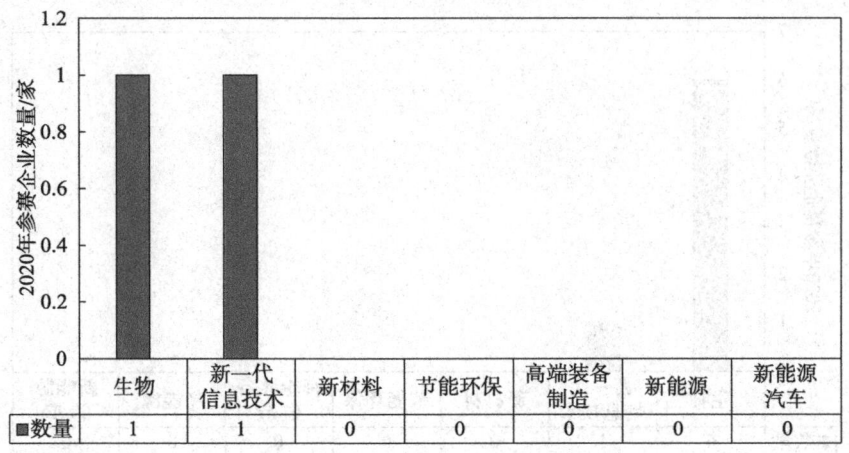

图 3.22　2020 年文山州获奖企业数量按行业分布情况

如图 3.23 所示,2020 年曲靖获奖企业数量按行业分布排名前二的行业是生物(6 家)、新材料(1 家)。

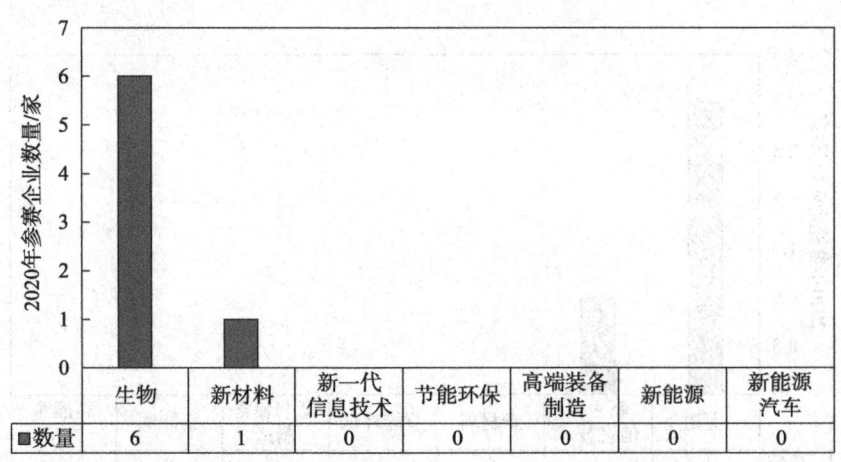

图 3.23　2020 年曲靖获奖企业数量按行业分布情况

如图 3.24 所示，2020 年西双版纳获奖企业数量按行业分布排名前二的行业是生物（20 家）、节能环保（1 家）。

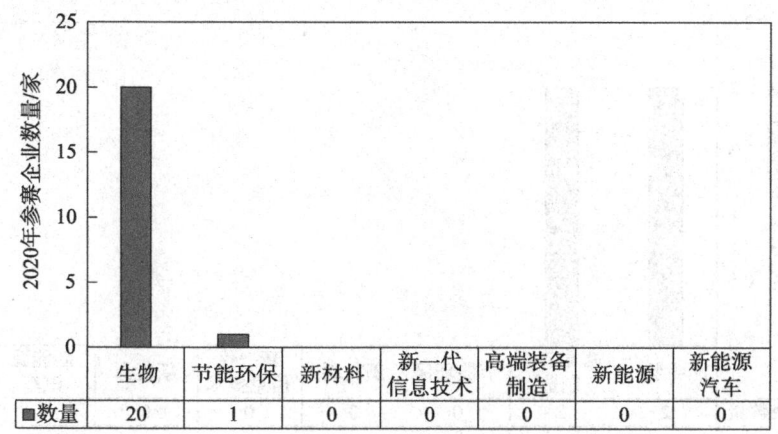

图 3.24　2020 年西双版纳州获奖企业数量按行业分布情况

如图 3.25 所示，2020 年普洱获奖企业数量按行业分布排名前二的行业是生物（3 家）、节能环保（1 家）。

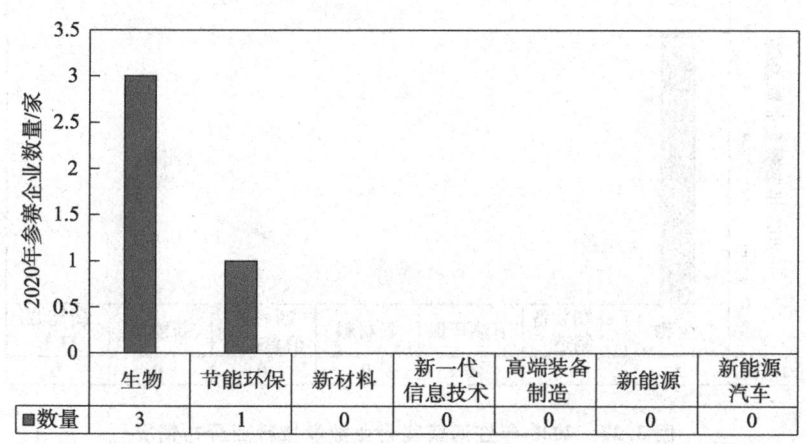

图 3.25　2020 年普洱获奖企业数量按行业分布情况

如图 3.26 所示，2020 年保山获奖企业数量按行业分布排名前二的行业是生物（2 家）、高端装备制造（2 家）。

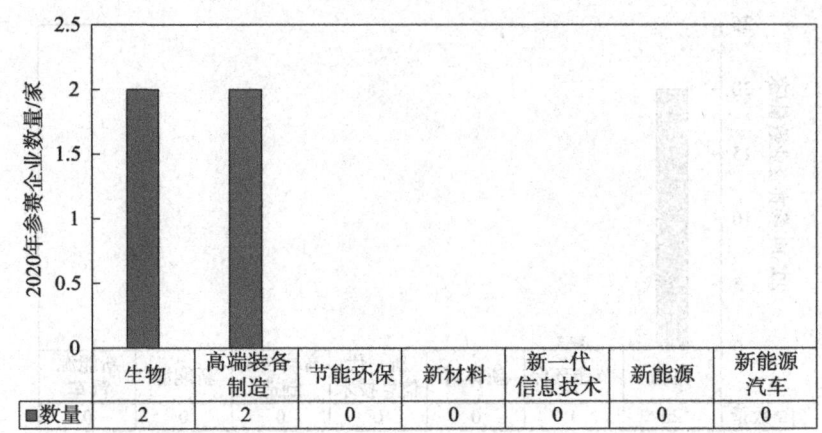

图 3.26　2020 年保山获奖企业数量按行业分布情况

如图 3.27 所示，2020 年红河获奖企业只有生物行业（5 家）。

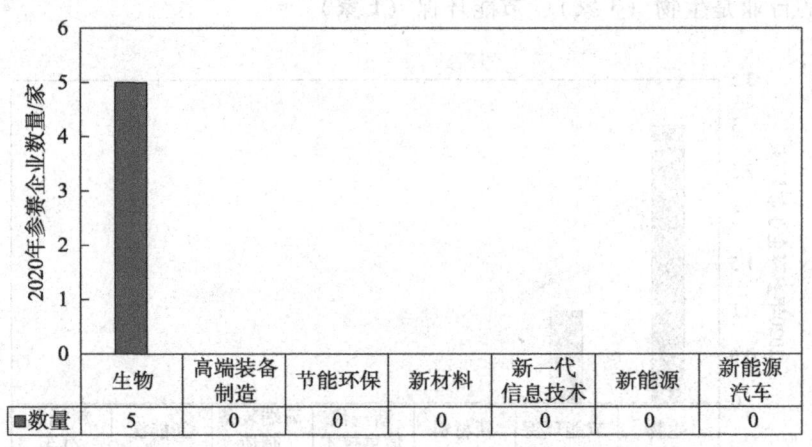

图 3.27　2020 年红河获奖企业数量按行业分布情况

如图 3.28 所示，2020 年怒江获奖企业只有生物行业（1 家）。

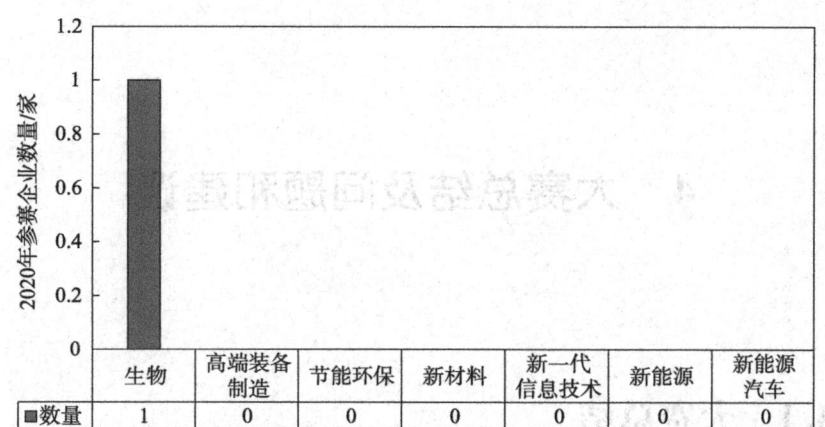

图 3.28　2020 年怒江获奖企业数量按行业分布情况

临沧、德宏和迪庆三个市（州）没有企业获奖。

4 大赛总结及问题和建议

4.1 大赛总结

双创是中国经济进入"新常态"后,持续优化经济结构、增强经济增长内生动力的重要抓手。云南省创新创业大赛通过省科技厅等政府部门的政策引导,在有限的条件下最大限度地全方位激活并释放了创新驱动、创业引领的动力和产业优化升级的功能。通过宣传发动、规则验证、市场筛选、交流合作等环节,培育、发展了一批创业创新示范企业,推动产业链、创新链、人才链、资金链、政策链"五链互促",做大产业群、拉长产业链、扩大产业面、提升产业值,促进全面开放融合发展。

(1)云南省创新创业大赛进一步调动了云南省企业创新创业积极性,营造了全社会共同支持创新创业的氛围。

为提升云南赛区影响力,创新办赛形式,从 2019 年开始,"中国创新创业大赛云南赛区暨云南省创新创业大赛"与共青团云南省委主办的"'创青春'中国青年创新创业大赛"合并办赛,由云南省科技厅与共青团云南省委联合主办,充分发挥各自优势,整合全省双创资源,把大赛打造成推动我省创新创业发展的优质品牌,取得了良好的效果。

(2)云南省创新创业大赛提高了云南省企业和团队的创新创业

水平，搭建了投融资机构与参赛企业间的桥梁。

据统计，21家大赛合作机构对28家获奖企业和创业团队有投资意向，对企业的尽职调查和投资洽谈正在深化，有3家企业投资洽谈已经完成。大赛的合作机构招商银行昆明分行对参赛企业进行了"千鹰展翼"为内容的培训，对182个获奖企业开展了全方位的金融服务。

经过主办、承办单位多年的精心耕耘和积极探索，云南赛区已经逐渐摸索出一条完善的大赛承办路径。自第四届中国创新创业大赛暨第一届云南省创新创业大赛以来，为提高云南赛区参赛企业国赛的参赛水平和答辩技巧，云南赛区承办单位昆明理工学院科技园在云南省科技厅高新处的领导下，精心组织、广泛动员，针对不同行业编制对应的培训资料，联系相关专家团队，在历届大赛的每一个行业总决赛前都组织云南代表团进行专场培训，并在培训中数次邀请有国赛参赛经验的企业前来分享经验，助力参赛企业去粗取精、突出重点，优化其项目新技术、新业态、新模式等成功元素的展示方式。此种培训模式已经常态化，并被实践证明取得了良好的效果，最终助推了云南赛区的企业在历届全国总决赛中脱颖而出，为打造"彩云之南，创业天堂"的品牌发挥了作用。

作为云南省独立承办的创新创业高水平地区赛事，本届大赛整体上出色地完成了任务，但也要吸取教训，克服比赛中出现的诸多不足之处，积累经验，为把大赛办成常态化、品牌化、高水平、高层次、社会大众广泛参与的比赛而努力。

4.1.1 组织工作

科学的组织工作对大赛顺利举办至关重要。

（1）加强大赛的宣传及培训，提升全省各市（州）企业对大赛的理解和热情。

①广泛宣传和培训动员，激发参赛激情。

2020年云南省创新创业大赛从2020年5月28日开始网络报名

以来，在省科技厅、团省委领导下，经过广泛宣传和培训动员，截至2020年7月31日，全省企业报名数量为812家，经审核最终报名成功的企业646家，其中成长组501家、初创组145家，成功报名团队179家。报名数全国排名第10位，西部地区排第2位。

②推进赛前培训，解决企业疑问。

因疫情为减少人员聚集，昆明理工大学国家大学科技园有限公司分别在2020年6月17日、7月2日、7月7日、7月8日、7月9日、7月17日组织了6场线上赛前培训，对创新创业大赛的注意事项、比赛技巧、扶持政策等方面进行深入讲解，上百家中小企业参加，培训1000多人次。

（2）运用科学、合理、合规的评审机制，为企业提供公平、公正、公开的参赛机会。

①邀请省外高水平评委，优化大赛评委结构。2020年8月10日大赛转入网络评审阶段，大赛向科技部火炬中心申调了200位省内外的高水平评委，初赛邀请各行业领域创投专家及技术专家79人，其中省外评委占比达到了47%。高水平评委从初赛开始就以高要求高标准评选我省参赛项目，达到以赛促练、以赛促教、以赛促用，整体提高我省企业参赛水平的目的。

②运用德尔菲法，保证比赛公平公正。德尔菲法本质上是一种反馈匿名函询法，通过整理、归纳、统计所要预测问题的专家意见，再匿名反馈给专家征求意见，然后再集中、再反馈，直至得到一致意见。

云南赛区采用德尔菲法，通过回收185位评审的反馈意见，最终形成以下评分方案：$S_1 = A$，$S_2 = 0.3A + 0.7B$，$S_3 = 0.15A + 0.25B + 0.6C$。其中，$S_1$、$S_2$、$S_3$为项目初赛、复赛、决赛最终得分，$A$、$B$、$C$为初赛、复赛、决赛现场打分或网络评审打分的算术平均分。此计算方案较为客观，能最大化发掘优质的创新创业项目，并与项目实力相匹配，最大化保证大赛的公平公正。

(3) 强化获奖企业的融资、交流、展示服务，主推创新创业落地发展。

①优胜项目专场路演。复赛、决赛期间，在企业自愿的前提下，邀请参赛企业参加参赛企业项目路演直播活动帮助企业寻求更多的金融和创投机构，为金融体系服务实体经济牵线。

②搭建交流合作平台。本次大赛设有"创新创业服务超市""创新创业财富论坛""行业投资分享沙龙""燧石星火融资公开课"系列交流活动；同时搭建了投融资信息对接"科技金融平台"，推出了"燧石星火"创投联盟。

③网站、公众号积极宣传。展示获奖企业，助推项目落地。

4.1.2 参赛企业

4.1.2.1 好的一面

（1）云南省参赛企业全国排名相较于经济体量表现优异。据国家统计局数据，云南省2018年地区生产总值排名第20位，而近几年云南省中国创新创业大赛参赛企业数取得排名前8位，甚至是全国第4位、西部第1位的最好排名，这说明，在参赛热情方面处于全国前列。究其原因，地方政府重视是一个很重要的原因，如全省范围内的宣传推广，以及每年较大金额的科技扶持资金激励等。

（2）部分市（州）参赛热情提高明显，参赛企业数和获奖企业数都有较大幅度提升。究其原因，地方政府的重视发挥了非常重要的作用，当地政府每年组织全市（州）范围内的赛前培训和一对一指导。

（3）参赛企业注册年限年轻化趋势明显。

（4）参赛企业核心团队高学历层次人数占比提高。

（5）参赛企业核心团队年轻化趋势明显。

（6）参赛企业的院士数量在逐年增加。2018—2020年参赛企业核心团队共有院士人数分别为12人、16人和15人，平均每46.87

个企业核心团队中有 1 名院士。

（7）参赛企业参赛目的更加理性和分布均匀。参赛目的由原来的以获得政府扶持资金为主，逐渐回归创新创业本质，在获得荣誉、寻求融资机会、寻求学习交流机会、寻求政府政策支持、宣传展示等动机方面分布比例相当。

4.1.2.2　存在问题和有待改进的一面

（1）参赛企业总数增长乏力，企业参赛热情下降。

（2）参赛企业占可参赛企业总数比例仍然不高。

（3）参赛而未获奖的企业参赛热情下降明显。

（4）参赛企业行业分布不均衡，且占据半壁江山的生物行业企业参赛竞争力不足。参赛企业行业分布不均衡：生物行业参赛企业数占比 46.9%，除生物和新一代信息技术行业外，其余行业占比均不足 10%。

（5）各市（州）参赛企业数不均衡，部分市（州）待开发潜力巨大。

（6）参赛企业规模较小，不利于全国行业总决赛竞争力提升。参赛企业中人员规模 50 人以上企业占比只有 12.23%。云南省在高新技术企业和科技型中小企业占总参赛企业比例方面远低于全国平均水平。2020 年高新技术企业和科技型中小企业总计 205 家，占比还较小。

（7）平均每个参赛企业提供给应届生的就业岗位在减少。

（8）参赛企业核心技术数量下降明显。2020 年相较于 2019 年和 2018 年，参赛企业各项核心技术数量下降明显，特别是实用新型专利、发明专利、植物新品种几项知识产权。

（9）部分区域参赛热情提高了，但获奖情况却不理想。

（10）国家级大学科技园/科技企业孵化器内企业整体竞争力较强，但参赛数量有待进一步提升。

4.2 问题和建议

云南省创新创业大赛作为一个平台，自启动仪式开始直到比赛结束都保持了较高的水准，这离不开政府科技部门、昆明理工大学、昆明理工大学科技园有限公司、工作人员、志愿者及参赛单位的配合和支持。但与此同时，大赛中出现的各种问题也不应该被忽视，只有解决了这些问题，大赛才能平稳、有序地进行下去，最终使大赛有一套完善稳定的运行标准，实现把大赛做成资本和实体经济对接的平台，资金和项目对接的平台，创新和创业沟通的平台，创新人员培训的平台的愿景。

4.2.1 问题

（1）双创氛围不够浓厚，认识协同还不到位。

云南省地处西南边陲，双创氛围较为淡薄，个别市（州）科技管理部门对双创工作重视不够，对大赛组织工作热情不高，响应较为缓慢，对企业的动员、宣传和组织力度投入不够，造成参赛和获奖企业地区分布差异较大。

以第三届云南省创新创业大赛为例，昆明的企业和团队报名数量位居第一，达到了 394 家，占参赛企业和团队总数的 48.46%，远超其他市（州）；第二是丽江，参赛的企业、团队共 116 家，占参赛总数的 14.27%；第三是西双版纳，共有 46 家企业和团队参加大赛，占总数的 5.66%。综合分析参赛团队及企业的地域分布情况可知，来自昆明的参赛企业数在各行业都占据了大多数。这说明信息传递速度、地区的开放程度、地区的发展程度等因素都会影响当地企业及团队对于创新创业大赛的参与程度。除昆明外，其余市（州）的参与程度与其地区生产总值排名并不相符，尤其是临沧、德宏、怒江等地参赛团队及企业较少。

（2）融资难的问题依然存在。

由于经济发展的地域性差异，大多数投融资机构更青睐沿海发达地区的创新创业企业。虽然大赛已经制定了很多政策给予参赛企业及团队投融资支持，但难以形成统一、规范的地方性投融资引导机制，大赛支持、吸引更多高端的人才、技术、企业和项目服务云南经济社会发展的能力不足。

大赛作为中小企业服务平台的建设完善离不开地方政府的政策支持，通过政策的支持和资源的配置才能吸引更多高端的人才、技术，从本质上激发云南省创新活力，促成新模式、新业态、新技术的要素聚集，最终服务云南经济社会发展。

4.2.2 建议

针对大赛前期筹备、组织及比赛过程中出现的问题，建议如下。

（1）增加边疆省（区）参加国赛名额。完善创业创新政策体系，深化科技体制改革，更好地发挥市场主体作用。对创业者购买创新服务、开展技术合作给予支持，降低创业成本，激励更多的人投身创业创新。加强完善知识产权保护和运用制度，尽快实现知识产权的自由流通和交易。打破体制机制对创新创业的阻碍，构建完善的创新创业服务平台。

（2）加大资金扶持力度。适当加大对国赛获奖企业的资金扶持力度，发展各类创业投资引导资金、创新金融产品和服务方式，打通创业创新项目与金融市场对接的渠道。多层次培育双创主体，推动"个转企、小升规、规改股、股上市"，为创业创新插上资本的翅膀。

（3）增加参赛行业类别。增加参赛行业中的农业类别，有助于提高农业在大赛中的晋升率，促进农业发展。农业是我国经济的一个重要产业。云南素有"植物王国""动物王国""药材之乡"的美誉，也是全国植物种类最多的省份，农业为最大支柱产业，云南省报名参赛企业中属于农业行业的占总报名数的60%~70%。

5 金融支持

5.1 大赛合作金融机构：招商银行昆明分行

招商银行于1987年诞生于改革开放的前沿——深圳特区。秉承着"招商血脉"和"蛇口基因"，招商银行自成立以来一直将创新作为发展的原动力，不断革新金融服务理念，多次开创国内银行业之先河。经过40余年的持续探索，招商银行市值和盈利水平位居国内前列。招商银行的资产管理、私人银行、投资银行、交易银行、信用卡等特色业务市场领先，屡获国内外大奖，成为有口皆碑的"最受欢迎商业银行"和"最佳零售银行"。它是中国创新创业大赛唯一的合作银行，招商银行昆明分行也是云南省创新创业大赛唯一的合作银行。

招商银行昆明分行自2001年成立以来，深入贯彻落实服务中西部省市的方针，始终坚持"因您而变"的经营理念，稳健、可持续发展，多项主要经营指标在股份制商业银行中位居前列。

招商银行昆明分行坚决贯彻《云南省人民政府关于强化实施创新驱动发展战略进一步推进大众创业万众创新深入发展的实施意见》的相关要求和精神，通过金融服务支持，积极拓宽创新创业企业的融资渠道，持续助力创新创业企业加快实现科技成果转化，帮助和促进实体经济逐步实现转型升级。同时，招商银行昆明分行紧密围绕省政府提出的"全力打造世界一流的绿色能源、绿色食品、健康生活目的地三张牌"发展战略,加强对绿色能源产业,新材料、改性材料和材料深加工创新企业及其延展产业链,高原特色现代农业以及大健康产业的支持力度。

(1)赛前、赛中培训支持。

如表 5.1 所示,招商银行昆明分行结合参赛企业的特点,全力做足、做好、做精相关培训工作,内容包括:一是"助力科技创新企业展翼腾飞",讲解特色"千鹰展翼"产品;二是"中小企业银行融资政策及方法";三是对小企业抵押贷、高新贷、三板贷、政采贷、结算贷、担保公司贷等一系列普适性较好的产品进行宣讲;四是就融资个案进行辅导和分析。

表 5.1 招商银行昆明分行赛事相关培训主题

培训主题	培训企业分类
千鹰展翼,助力科技创新企业展翼腾飞	国标普惠小微轻资产创新企业
中小企业银行融资政策及方法	国标中小微企业
金融业主流信贷产品对比和企业相关性分析	参赛企业
宏观层面支持小微企业发展政策宣讲	参赛企业
融资个案辅导和分析	参赛企业

(2)金融服务特色化支持。

赛事期间,招商银行昆明分行累计免费发放《千鹰展翼——创新型成长企业培育计划》手册 1500 余册,包括小企业抵押贷和小企业高新贷在内的其他各类产品手册 1300 余册;专业化小企业客户经理现场与参赛企业和科技创业团队进行了一对一的现场对接与服务,累计对接企业 301 户,针对融资愿望较为强烈且基本面不错的 73 余户企业出具一对一的融资服务方案;针对融资需求较为饱和的企业就支付结算(如招财猫、公司一卡通收款卡、移动支票等产品)、财富管理(如小企业 E+等产品)、中间业务(如新三板增资认购选择权等产品)等各类产品进行金融服务支持,体现出了专精化、多元化和纵深化。

(3) 现场调研和服务。

招商银行昆明分行针对大赛报名企业,尽全力做到现场调研、现场服务,认真分析,一户一策,努力实现信贷业务投放支持:根据云南区域特点,重点主推小企业特色高新贷、小企业政采贷、小企业结算贷、小企业抵押贷、三板贷、上市贷、知识产权质押贷等产品;针对不适合开展信贷业务的客户,积极给序结算类服务支持。

根据科技部火炬中心的要求,省赛优胜企业被推荐参加国家总决赛的,必须通过专业的尽职调查。由于招商银行对企业信贷的严谨和专业,招商银行昆明分行受大赛组委会的委托,对按照云南省科技厅在决赛后推荐参加国家总决赛的企业开展尽职调查。

招商银行到企业经营地和办公地开展尽职调查工作,包括但不限于:一是申请人主体合法性文件,如经年检合格的营业执照、税务登记证、验资报告、开户许可证、工商登记查询等;知识产权证、排污许可证、特殊经营许可证等证照;企业上下游贸易合同或订单。二是财务信息,近三年和最近一期财务报表(资产负债表、损益表、现金流量表),调查分析科目异动原因和重要科目明细。三是收入核实,包括增值税纳税申报表、银行对账单等可用于核实销售收入的材料。四是对生产型企业,查询其近一年的水表、电表、税表,测算生产量验证销售量,查测单位产品成本、市场价格,验证损益表等。

招商银行服务大赛企业,旨在为大赛尽一份力,为企业提供更多的金融服务选择,更重要的是通过企业尽职调查(见表5.2),真实客观地反映企业的经营发展情况,积极参与和推动科技金融创新工作。

表 5.2 招商银行派出人员开展企业尽职调查情况

尽职调查团队	尽职调查人员	尽职调查企业/家
小企业客户一部	负责人、客户经理 3 人	11
小企业客户二部	负责人、客户经理 2 人	15
小企业客户三部	负责人、客户经理 4 人	19
小企业客户四部	负责人、客户经理 5 人	15
小企业客户五部	负责人、客户经理 2 人	7
小企业客户六部	负责人、客户经理 3 人	8
小企业客户七部	负责人、客户经理 3 人	11
小企业客户八部	负责人、客户经理 3 人	23
小企业客户九部	负责人、客户经理 4 人	12
小企业客户十部	负责人、客户经理 3 人	6
合计	32 人	127

昆明群之英科技有限公司是 2019 年大赛参赛企业，主营五金系列产品研发、加工和销售。其规模不大，有一定创新技术，但创新技术对产成品的影响有待进一步提升；其经营中存在一定的资金压力。招商银行昆明分行在赛前培训中了解到其经营痛点和难点，最终通过综合金融方案给予其 350 万元授信额度支持并向其发放 180 万元流动资金贷款，助力其进一步提高产成品科技含量，不断强化自身竞争力、做大做强。

双创作为促进国家和区域经济发展的重要武器和新引擎，将激活全社会千万个市场细胞，释放企业和个人的无穷创造力。招商银行努力适应经济发展的要求，在业务流程和金融产品等方面开展创新，踏踏实实做好每一步，在支持地方经济发展、解决小企业融资难和融资贵等问题方面发挥更加重要和积极的作用。

创新是民族进步之魂，创业是就业、富民之源。近年来，党中央、国务院高度重视创新创业工作，将其作为落实创新驱动发展战略的重大举措，作为应对新一轮科技和产业变革的有效手段，也作为稳增长、促改革、调结构、惠民生、打造经济发展新动能的重要引擎。中国创新创业大赛的持续成功举办，为支持和引导创新创业提供了有力的"助推器"，在全国掀起了创新创业的高潮。

2010年，针对蓬勃兴起的创新创业企业，招商银行前瞻性地启动实施"千鹰展翼——创新型成长企业培育计划"（以下简称"千鹰展翼计划"）。千鹰展翼计划集双创企业开发、培育、服务于一体，聚焦于新能源、新材料、生物医药、智能制造、互联网等战略新兴产业中的成长型中小企业，与中国创新创业大赛的举办初衷不谋而合，招商银行也成为中国创新创业大赛的坚定同行者——自2012年首届大赛举办以来，招商银行始终是大赛唯一的银行合作伙伴，先后为创新创业公益基金累计支持数千万元，为9.8万余家参赛企业提供服务，与1.7万余家企业开展了深度合作，向1700余家企业累计提供了总额达230亿元的授信支持（见表5.3）。九年来，通过千鹰展翼计划与创新创业大赛的强强联合，数以万计的创新创业企业真正获得了专业化、全流程的金融服务，从而有力促进了科技创新与金融的深度结合，也开创了国内商业银行支持科技创新的先河。

表5.3 招商银行金融扶持情况

服务企业/万家	深度支持企业/万家	授信支持企业/家	授信总额/亿元	参与服务人数/人
9.8	1.7	1 700	230	>2 000

招商银行与创新创业大赛的深度合作，既是响应国家政策号召、履行企业职责的必然之举，也是招商银行一直以来全力支持国家双创战略实施和中小企业发展战略的延续和提升。经过数年的发展，创新创业大赛在我国双创工作中起到的平台支撑作用也愈加凸显，成为双创升级、产业高质量发展的新引擎。通过与大赛的紧密联动，招商银行在参赛企业中寻找到大批具备自有核心技术、市场前景广阔、发展空间巨大的创新型企业。自2011年至2020年，招商银行千鹰展翼计划已成功培育400家企业在境内A股上市，中小板及创业板上市公司占比达75%。

当前，中国经济正在加快步入新的发展阶段，招商银行也已将金融科技作为战略转型的核动力，未来将继续全力支持中国创新创业大赛，不断探索面向创新创业企业的金融服务形式和特色产品，革新服务理念，打造最佳客户体验，推动更多的科技型中小企业茁壮成长、展翼腾飞！

5.2 大赛合作创投机构

云南赛区大赛工作组邀请上海云琨股权投资基金管理有限公司、上海贝邦润博股权投资基金管理有限公司、东吴证券股份有限公司昆明白云路证券营业部，对参赛企业进行了融资对接，为创业企业、团队和投资方搭建起一个良好的互动平台，搭建了资本市场和实体经济的桥梁，为条件成熟的团队、企业解决融资困难问题。

上海云琨股权投资基金管理有限公司与多家参赛企业签订了投资合同，如对云南七彩田园牧业有限公司投资1000万元，对保山九隆酵母有限公司投资1000万元，对昆明酷联科技有限公司投资500万元。

另外，云南天保桦生物资源开发有限公司入选中组部、科技部中国创新人才推进计划暨国家"万人计划"（科技创新创业人才），并获得800万元投资；云南我是花吃食品科技开发有限公司被邀请参加了创业英雄会，并获得300万元融资；云南翔澳航空技术有限公司与加拿大兰里国际飞行学院（Langley Flying School）签约成功，等等。

由于参赛企业对信息保密的要求，更多的投资没有列入统计。

附录 2020年云南省创新创业大赛获奖名单

附表1 企业成长组获奖名单

序号	企业/团队名称	参赛项目名称	所属地区/机构	行业/领域	获得奖项
1	云南策蓝科技有限公司	基于工业互联网的数字孪生设备管理系统	昆明	新一代信息技术	一等奖
2	西双版纳宝翠香莲生物科技有限公司	香水莲花产业融合与文化旅游融合发展项目	西双版纳	生物	一等奖
3	西双版纳陶缘陶艺文化传播有限公司	西双版纳傣陶"非遗"技艺的创新推广	西双版纳	生物	一等奖
4	云南云琦丹生物科技有限公司	药食同源黄精产品产业链开发	昆明	生物	一等奖
5	云南中翼鼎东投资集团生物科技开发有限公司	新型广谱性农业投入品	曲靖	生物	一等奖
6	云南莽原农业发展有限公司	利用云南地理优势打造中国独有特色鹅肝产业	昆明	生物	一等奖

续表

序号	企业/团队名称	参赛项目名称	所属地区/机构	行业/领域	获得奖项
7	云南苏理生物医药科技有限公司	芒果苷衍生物抗痛风新药开发	昆明高新技术产业开发区	生物	一等奖
8	普洱绿银生物股份有限公司	孟连县"一县一业"牛油果全产业链开发项目	普洱	生物	一等奖
9	云南靖创液态金属热控技术研发有限公司	液态金属高功率流体散热器	曲靖	新材料	一等奖
10	云南丰普科技有限公司	锅炉乏汽回收利用节能项目	昆明高新技术产业开发区	节能环保	一等奖
11	昆明秀派科技有限公司	万维易源API数据交易平台	昆明	新一代信息技术	二等奖
12	昆明桑达科技有限公司	高速射流无针电驱疫苗注射枪研发与应用	昆明	生物	二等奖
13	大理春沐源农业科技有限公司	樱桃番茄种植的数字农业推广项目	大理	生物	二等奖
14	西双版纳菁钰祥莱农业有限公司	"三低"科技农业示范——高品质"鱼贡稻"大米基地创建	西双版纳	节能环保	二等奖

续表

序号	企业/团队名称	参赛项目名称	所属地区/机构	行业/领域	获得奖项
15	建水县福新果蔬专业合作社	冬马铃薯绿色高产高效关键技术集成规模化特色种植（聚焦"薯"光、"映红"山区农民增收致富，小土豆大产业）	红河	生物	二等奖
16	丽江姚园农庄有限责任公司	玉龙小黑猪良种繁育仿生养殖及推广	丽江	生物	二等奖
17	红河云百草药业有限公司	菲牛蛭抗凝血、抗血栓系列中药开发和研究	红河	生物	二等奖
18	云南名博包装印刷有限公司	新型复合包装材料的研发与生产	昆明高新技术产业开发区	生物	二等奖
19	云南星桥食品有限公司	米线+配套产品第三方中央厨房研究及产业化	昆明	高端装备制造	二等奖
20	云南水道元节能环保科技股份有限公司	GER微生物酶一体化污水处理设备	昆明	节能环保	二等奖
21	云南茂湾水产养殖有限责任公司	土著鱼种质资源保护+高原绿色食品品牌打造	昆明	生物	二等奖
22	云南趣探科技有限公司	趣挑战	昆明	新一代信息技术	二等奖
23	云南云淀淀粉有限公司	提高马铃薯淀粉白度的生产工艺	曲靖	生物	二等奖

续表

序号	企业/团队名称	参赛项目名称	所属地区/机构	行业/领域	获得奖项
24	云南奥福实业有限公司	澳洲坚果智能初加工系统	保山	高端装备制造	二等奖
25	兰坪县滇药生物药业科技有限公司	天麻产地栽培及加工关键技术研究与生产示范	怒江傈僳族自治州	生物	二等奖
26	云南武定永银农产品开发有限公司	武狮食材供应链平台	楚雄	新一代信息技术	二等奖
27	云南天林实业有限责任公司	数字智造	保山	高端装备制造	二等奖
28	云南卓印科技有限公司	卓印新型胶印水路系统	昆明高新技术产业开发区	节能环保	二等奖
29	云南瑞派西医院管理有限公司	瑞派西大型医疗设备全生命周期管理	昆明	生物	二等奖
30	云南浙滇农业发展有限公司	阳光玫瑰葡萄冬季二季果栽培技术研究与应用推广	楚雄	生物	二等奖
31	西双版纳四塔傣医药有限公司	傣医理论的应用创新	西双版纳	生物	三等奖
32	大理鼎峰龙竹酒业有限公司	现代化生态农业循环应用与竹酒制备工艺研究	大理	生物	三等奖
33	云南瑞药金方现代中药有限公司	中药（名族药）配方用破壁饮片研究	楚雄高新技术产业开发区	生物	三等奖
34	中润祥实业发展有限公司	光量子水生态修复系统	昆明	节能环保	三等奖

续表

序号	企业/团队名称	参赛项目名称	所属地区/机构	行业/领域	获得奖项
35	丽江芳源农业科技开发有限公司	山地果园智能物联网运输机械	丽江	生物	三等奖
36	镇沅圣元堂生物科技开发有限责任公司	酵素滇黄精康养食品开发项目	普洱	生物	三等奖
37	云南腾冲露丝福生物产业有限责任公司	腾冲市露丝福玫瑰一、二、三产业融合发展项目	保山	生物	三等奖
38	西双版纳神农生物科技有限公司	沪滇合作、中药农业专项——西双版纳橡胶林下有机砂仁种植基地创建	西双版纳	生物	三等奖
39	云南中康牧业有限公司	中康雪花牛的一、二、三产业融合发展研究与示范	文山	生物	三等奖
40	昆明滇本生物科技有限公司	一种含锯叶棕精油的祛痘组合物及其开发应用	昆明高新技术产业开发区	生物	三等奖
41	云南青谷生物科技有限公司	蒜头果组培苗开发及标准化种植技术产业化推广应用	昆明	生物	三等奖
42	西双版纳天遇缘生物科技发展有限公司	小木耳,大产业——西双版纳有机黑木耳产业化基地创建	西双版纳	生物	三等奖
43	昆明鞘翼科技有限公司	甲翼机:世界上第一架垂直起降太阳能飞机	昆明	高端装备制造	三等奖

续表

序号	企业/团队名称	参赛项目名称	所属地区/机构	行业/领域	获得奖项
44	勐腊万泽农业科技发展有限公司	勐腊县产业扶贫专项——"勐腊冬瓜猪"林间规模化散养技术开发	西双版纳	生物	三等奖
45	云南超越建设工程有限公司	防雷接地电阻实时在线监测系统	昆明	新一代信息技术	三等奖
46	勐海光大农业科技有限公司	铁皮石斛温室大棚种植关键技术研究与推广	西双版纳	生物	三等奖
47	勐腊千金本草农业有限责任公司	勐腊县中药农业专项——滇重楼林下种植技术开发与基地创建	西双版纳	生物	三等奖
48	云南玫里传说食品有限公司	八街食用玫瑰花系列产品开发与产业示范	昆明	生物	三等奖
49	西双版纳旭东农业开发有限公司	畜禽废弃物——黑水虻绿色循环与产业化	西双版纳	生物	三等奖
50	云南日林新能源开发有限公司	面向南亚东南亚的光伏照明系统的应用与推广	昆明	新能源	三等奖
51	云南良茂农业科技有限公司	新型智能薄膜温室的研究及推广应用	昆明	生物	三等奖
52	云南滇云蜜语生物科技有限责任公司	小蜜蜂,大产业——科技创新助力脱贫攻坚	西双版纳	生物	三等奖
53	景洪柏明养殖有限责任公司	科技助力——生猪健康养殖产业化	西双版纳	生物	三等奖

续表

序号	企业/团队名称	参赛项目名称	所属地区/机构	行业/领域	获得奖项
54	会泽鲟鱼谷鱼子酱有限责任公司	鲟鱼高密度养殖提升云南高原泉水的价值	曲靖	生物	三等奖
55	西双版纳艾味食品有限公司	傣家"茶花膏喃咪"技艺优化与产品升级	西双版纳	生物	三等奖
56	宁蒗沈氏滇重楼药材有限公司	余家坪村扶贫滇重楼合作示范繁育项目	丽江	生物	三等奖
57	昆明能瑞科技有限公司	配电室综合监测及智能运维系统	昆明	新一代信息技术	三等奖
58	昆明积萃生物科技有限公司	珍稀濒危植物冰球子的种苗开发及产业化	昆明	生物	三等奖
59	云南凯瑞特工程机械设备有限公司	履带式移动破碎筛分设备研发及产业化	昆明	高端装备制造	三等奖
60	普洱致诚环保设备有限公司	咖啡生产加工污水处理项目	普洱	节能环保	三等奖
61	大理千寻有梦文化创意有限责任公司	《苍山小册子》泛娱乐·动漫IP+	大理	新一代信息技术	优胜奖
62	云南这边食品有限公司	沐小辰(自然手作,花饮,茶焙)	昆明	新材料	优胜奖
63	景洪阿卡雅文化传播中心	哈尼"非遗"理疗技艺传承与创新推广	西双版纳	生物	优胜奖
64	云南祺华科技有限公司	化工行业高效消泡技术的研发及产业化	昆明高新技术产业开发区	节能环保	优胜奖

续表

序号	企业/团队名称	参赛项目名称	所属地区/机构	行业/领域	获得奖项
65	丽江绿雪庄生态文化发展有限公司	高原淡水三文鱼无公害养殖技术研究及应用	丽江	生物	优胜奖
66	云南良道农业科技有限公司	应用区块链技术溯源有机标准种植基地及合作社产品	昆明	新一代信息技术	优胜奖
67	云南德源绿创环保科技有限公司	区块链智慧监管系统平台	文山	新一代信息技术	优胜奖
68	云南泵龙马铃薯种植有限公司	寻甸泵农马铃薯现代化种植模式	昆明	生物	优胜奖
69	丽江市古城区桑吉农业综合开发有限公司	丽江高原生态球生菜规范化示范种植及种苗培育	丽江	生物	优胜奖
70	勐腊春薏圆商贸有限公司	傣薏仁加工关键技术创新	西双版纳	生物	优胜奖
71	云南八凯农业开发有限公司	八凯农业高原特色农产品开发项目	昭通	生物	优胜奖
72	云南安科院信息技术有限公司	易安全——安全风险监测预警系统	昆明高新技术产业开发区	新一代信息技术	优胜奖
73	昆明盘谷医学检验实验室有限公司	高血压基因检测个性化精准化用药研究与应用	昆明	生物	优胜奖
74	丽江迈特生物科技有限公司	螺旋藻多肽产品的研发及应用	丽江	生物	优胜奖
75	云南纳光科技有限公司	纳光防篡改检测功能芯片	昆明	新一代信息技术	优胜奖

续表

序号	企业/团队名称	参赛项目名称	所属地区/机构	行业/领域	获得奖项
76	曲靖市沾益区牛栏水产养殖有限公司	高原裸裂尻、碧塔重唇鱼、金沙鲈鲤的保种、繁育、产业化推广	曲靖	生物	优胜奖
77	昆明和合医学检验所有限公司	基于质谱技术检测维生素D、K在临床常见骨病诊治中的应用研究	昆明高新技术产业开发区	生物	优胜奖
78	盐津黑凤凰农业有限公司	一种有机富硒乌骨鸡产业开发	昭通	生物	优胜奖
79	云南帧图科技有限公司	"智慧安防"提升社区安防环境	昆明	新一代信息技术	优胜奖
80	巧家县佰意佳食品有限公司	巧家小碗红糖的传承与创新	昭通	生物	优胜奖
81	丽江纳美文化传媒有限公司	精品民族文化动漫《黑白之战》制作及发行	丽江	新一代信息技术	优胜奖
82	云南蜜月追踪蜂业有限公司	AI智蜜养蜂	昆明	新一代信息技术	优胜奖
83	云南恒品科技有限公司	恒品智慧城市消防系统	昆明	新一代信息技术	优胜奖
84	云南天朗环境科技有限公司	焦化有机污染土场修复技术研究	昆明	节能环保	优胜奖
85	云南印能科技有限公司	人人造物3D建筑	昆明	新一代信息技术	优胜奖
86	云南滇科涂镀层材料有限公司	先进的路灯节电技术	昆明	节能环保	优胜奖
87	昆明天宸智业能源科技有限公司	铜金属冶炼全价值配料优化决策系统	昆明	新一代信息技术	优胜奖

续表

序号	企业/团队名称	参赛项目名称	所属地区/机构	行业/领域	获得奖项
88	云南泰想去网络科技有限公司	ThaiOK 多语言智慧点单系统	昆明	新一代信息技术	优胜奖
89	云南能投达诺智能科技发展有限公司	紧密型县域医共体信息化建设项目	昆明	新一代信息技术	优胜奖
90	易门米三全食品有限责任公司	鲜湿米线类产品保鲜工艺研究及自动化生产	玉溪	生物	优胜奖
91	云南山葵生物科技有限公司	山葵精准种植及精深加工制备	昆明	生物	优胜奖
92	玉龙县九香河农业开发有限公司	野生梅兰菜规模种植与加工研发项目	丽江	生物	优胜奖
93	昆明英武农业科技有限公司	滇金银花生态种植示范及产业化发展	昆明	生物	优胜奖
94	大理万众苑科技有限公司	3000亩沃柑"三高一低"标准化研究项目	大理	生物	优胜奖
95	云南活草堂生物科技有限公司	领大健康绿色食品发展方向——国内首创全息提取技术的开发及应用	昆明高新技术产业开发区	生物	优胜奖
96	昆明新助邦科技有限公司	新助邦——从大学到职场的学科分类知识共享平台	昆明	新一代信息技术	优胜奖
97	勐腊县金佳木业有限责任公司	高端橡胶木板材开发	西双版纳	生物	优胜奖
98	楚雄农博养殖有限公司	基于物联网有机养殖的高产朗德鹅培育	楚雄	生物	优胜奖

续表

序号	企业/团队名称	参赛项目名称	所属地区/机构	行业/领域	获得奖项
99	云南紫色农产品开发有限公司	紫饭牌天然功能性复合调味料生产销售	昆明	生物	优胜奖
100	云南大麦新能源科技有限公司	爱大麦工程一站式服务平台	昆明	新能源	优胜奖
101	云南凯思诺低温环境技术有限公司	高原特色农产品生产加工全过程管控解决方案——智慧冷链	玉溪	新一代信息技术	优胜奖
102	建水腾飞农业开发有限公司	巴西菇产业化种植与储藏加工	红河	生物	优胜奖
103	建水县会和商贸有限公司	"建水小米辣"良种繁育与绿色高产标准化栽培关键技术集成创新示范应用（建水小米辣：一代天"椒"红出一片新天地，致富一方农）	红河	生物	优胜奖
104	永仁野森达菌业有限公司	一种松露保鲜技术的研究与运用	楚雄	生物	优胜奖
105	普洱景谷多上果汁饮品有限公司	云南高原阳光好果汁——多上果汁	普洱	生物	优胜奖
106	武定臻骥农业科技开发有限公司	云臻骥武定鸡原种鸡苗推广项目	楚雄	生物	优胜奖
107	云南微乐数字医疗科技有限公司	微乐手术定位导航系统	昆明	新一代信息技术	优胜奖
108	云南律品科技有限公司	基于智能法律咨询的公共法律服务解决方案	昆明	新一代信息技术	优胜奖

续表

序号	企业/团队名称	参赛项目名称	所属地区/机构	行业/领域	获得奖项
109	云南同方科技有限公司	伊洋斯便秘专用精油滴剂项目	玉溪高新技术产业开发区	生物	优胜奖
110	泸西药王谷生物科技有限公司	道地药材滇黄精和白芨良种繁育、新型复合种植技术研究及产业化	红河	生物	优胜奖
111	赤方光热（云南）环保科技有限公司	首台套工业级太阳能制备污泥为燃料	昆明高新技术产业开发区	节能环保	优胜奖
112	云南鑫业农业科技有限公司	用纯植物"核桃"加工而成的生态有机肥	大理	生物	优胜奖
113	云南天泉生物科技股份有限公司	果树套种滇黄精林下种植推广及应用	昆明	生物	优胜奖
114	寻甸星立岚网络科技有限公司	幸福寻甸——精准服务本地人的掌上生活圈	昆明	新一代信息技术	优胜奖
115	云南玉力空间信息咨询有限公司	三维倾斜摄影自动建模技术在乡村振兴村庄规划编制中的运用	玉溪高新技术产业开发区	新一代信息技术	优胜奖
116	云南思辉电气设备有限公司	新能源汽车智能充换电系统	昆明	新能源汽车	优胜奖
117	勐腊仁林生物科技有限公司	"医科院云南分所"科研示范——砂仁仿野生种植技术研究与推广	西双版纳	生物	优胜奖

续表

序号	企业/团队名称	参赛项目名称	所属地区/机构	行业/领域	获得奖项
118	云南鼎宏科技有限公司	中国-南亚东南亚国际技术转移交易网	昆明	新一代信息技术	优胜奖
119	云南品斛堂生物科技有限公司	紫皮石斛系列产品开发	保山	生物	优胜奖
120	云南易贤科技有限公司	易贤O2O教育在线平台	昆明	新一代信息技术	优胜奖
121	云南格瑞生物科技有限公司	以虫治虫生物防治草地贪夜蛾技术研究及应用	大理	生物	优胜奖
122	云南治邦科技有限公司	750kV交流耐压车载试验平台开发项目	昆明	高端装备制造	优胜奖
123	昆明博奥三合医学检验实验室有限公司	助力云南全民大健康,治未病爱身谱易感基因检测	昆明	生物	优胜奖
124	元谋县果然好农业科技有限公司	云南干热河谷区葡萄促早栽培优质增产技术研究与示范应用	楚雄高新技术产业开发区	生物	优胜奖
125	昆明冠三节能科技有限公司	清洁能源农产品烘干节能设备的开发	昆明	新能源	优胜奖
126	鹤庆县中宝现代农业有限公司	畜禽无抗养殖及废弃物无害化综合利用示范项目	大理	生物	优胜奖
127	丽江九兴孜益食品有限公司	工厂化腊排骨工艺研究及应用	丽江	生物	优胜奖
128	云南桑尔特新能源科技有限公司	智能化绿色供暖系统	昆明	新能源	优胜奖

续表

序号	企业/团队名称	参赛项目名称	所属地区/机构	行业/领域	获得奖项
129	云南达远健康科技有限公司	基于云架构的新一代智慧医院医疗信息服务平台软件开发及应用	昆明	新一代信息技术	优胜奖
130	宾川绿宝源农林开发有限责任公司	沃柑高效栽培技术研发及产业化种植项目	大理	生物	优胜奖

附表2 企业初创组获奖名单

序号	企业/团队名称	参赛项目名称	所属地区/机构	行业/领域	获得奖项
1	云南相与茶业有限公司	一种茶的加工方法——"鲜普"	昆明	生物	一等奖
2	云南云链未来科技有限公司	"非遗"文创产品数字化转型与再生（以建水紫陶为例）	昆明	新一代信息技术	一等奖
3	云南喜科科技有限公司	低温加热不燃烧技术与产品应用	昆明	生物	一等奖
4	云南绿巨能环保科技有限公司	绿巨能互联网回收平台	昆明	节能环保	一等奖
5	西双版纳亲客田园农业开发有限公司	沪滇合作专项——西双版纳反季节无花果基地创建示范	西双版纳	生物	二等奖
6	西双版纳普水鱼苗繁育有限公司	西双版纳水产反季养殖的探索与实践	西双版纳	生物	二等奖
7	昆明心灵兽网络科技有限公司	鬼派鲜社区生鲜电商平台	昆明	新一代信息技术	二等奖
8	云南能投瑞章物联技术有限公司	智能数字党建柜的研发及应用	昆明	新一代信息技术	二等奖
9	昭通亮风台信息科技有限公司	AR可视化指挥系统	昭通	新一代信息技术	二等奖

续表

序号	企业/团队名称	参赛项目名称	所属地区/机构	行业/领域	获得奖项
10	云南红青夫生物科技有限公司	雨生红球藻提取天然虾青素开发及运用技术成果转化	昆明	生物	二等奖
11	云南自由贸易试验区壕睿科技有限公司	智慧安防联网联动综合指挥方案	昆明	新一代信息技术	三等奖
12	云南黑岩科技有限公司	短颈鹿电竞云管家	昆明	新一代信息技术	三等奖
13	策拉人工智能科技（云南）有限公司	松鼠云财务	丽江	新一代信息技术	三等奖
14	书丸子科技（云南）有限公司	书丸子·AI语测	昆明	新一代信息技术	三等奖
15	云南煜天农业发展有限公司	逸禾高端玫瑰品牌农业	曲靖	生物	三等奖
16	昆明理工精诚技术开发有限公司	高杂铜原料定向脱杂技术及脱杂剂开发	昆明高新技术产业开发区	节能环保	三等奖
17	云南阿飞皮纳科技有限公司	X射线诱导新型高分辨成像荧光屏	昆明	新材料	三等奖
18	勐海宗佛农业专业合作社	勐海县产业扶贫专项——布朗"草蜂"饲养技术研究与提升	西双版纳	生物	三等奖
19	西双版纳富瑭孵化器管理有限公司	西双版纳产业技术科技推广	西双版纳	生物	三等奖
20	昆明智渊测控科技有限公司	面向低压用户的能耗随器计量终端	昆明	新能源	三等奖

续表

序号	企业/团队名称	参赛项目名称	所属地区/机构	行业/领域	获得奖项
21	云南允佳医疗科技有限公司	允佳医院智能陪护系统的研发及推广	昆明高新技术产业开发区	新一代信息技术	优胜奖
22	云南联通新通信有限公司	基于SAAS架构的5G智慧防疫平台的建设与应用	昆明	新一代信息技术	优胜奖
23	玉溪黑巅太空感知智能科技应用发展有限公司	5G移动互联网医疗站	玉溪	新一代信息技术	优胜奖
24	昆明中科云环保有限责任公司	等离子体强化催化处理典型大气污染物成套技术推广	昆明	节能环保	优胜奖
25	云南向量创新科技有限公司	绘空5智能倾斜摄影设备	昆明	高端装备制造	优胜奖
26	云南丰圣生物科技有限公司	工业大麻萃取CBD精华油及其护肤品系列产品的开发	玉溪	生物	优胜奖
27	云南楚睿来信息技术有限公司	CRL城市公共数据健康联防平台	昆明	新一代信息技术	优胜奖
28	云南焕驰新材料科技有限公司	焕驰1+X——可撕高分子功能材料	昆明	新材料	优胜奖
29	云南小黄人再生资源有限公司	小黄人互联网+再生资源回收平台	昆明	新一代信息技术	优胜奖
30	云南柒捌玖商贸有限公司	甘蔗酒的工艺研究开发——白猴甘蔗养生酒	昆明	生物	优胜奖
31	云南沃丰农业科技发展有限公司	现代农业产业链标准化农产品供应平台建设及推广	昆明	生物	优胜奖

续表

序号	企业/团队名称	参赛项目名称	所属地区/机构	行业/领域	获得奖项
32	永胜彩银之蓝文化产业有限责任公司	谭氏彩银之蓝——珐琅彩银器	丽江	新材料	优胜奖
33	玉溪明蓝园艺有限公司	梁王茶驯化培育及种子扩繁产业化推广项目	玉溪	生物	优胜奖
34	华控农业发展（云南）有限公司	陆良县蔬菜公共服务中心	曲靖	生物	优胜奖
35	维尔医疗技术（云南）有限公司	医修库——互联网+医疗设备管理系统	昆明	新一代信息技术	优胜奖
36	云南云烁科技有限公司	基于精益雾化技术的香养制品研发及产业化	昆明	生物	优胜奖

附表3　团队组获奖名单

序号	企业/团队名称	参赛项目名称	所属地区/机构	行业/领域	获得奖项
1	昆明长水国际机场信息技术中心志宇创新工作室	昆明长水国际机场航站楼协同决策系统（T-CDM）示范项目	昆明	电子信息	一等奖
2	芳香小天使	芳香小天使新型精油爆珠卫生巾	大理	先进制造	一等奖
3	Gold Team	贵金属纳米材料功能化及其产业化	昆明	新材料	二等奖
4	环保卫士	工业电解铝烟气中SO_2低温脱除的低温等离子体（NTP）强化催化技术开发	昆明	新能源及节能环保	二等奖
5	宝杰科技	宝杰科技——山区甘蔗打叶的开拓者	昆明	先进制造	二等奖

续表

序号	企业/团队名称	参赛项目名称	所属地区/机构	行业/领域	获得奖项
6	五大精英	新能源未来——智能制造的原动力	昆明	新能源及节能环保	三等奖
7	孙鸿雁技能大师工作室	滇派内画艺术（非遗）创新	昆明	先进制造	三等奖
8	"彩云护联"延续护理服务团队	彩云护联"优护+"延续护理服务平台	昆明	互联网和移动互联网	三等奖
9	蓝润系列除藻剂	蓝润系列除藻剂	大理	生物医药	三等奖
10	云南碧水源环保科技有限公司	引领工业废水治理大变革——基于多种官能团改性超顺磁纳米材料开发的新型磁选工艺	昆明	新能源及节能环保	优胜奖
11	光益创新创业团队	光益光学仪器有限责任公司	昆明	电子信息	优胜奖
12	鲸奇科技	花妆：世界首创鲜花装饰板材，花制器皿	昆明	新材料	优胜奖
13	龋消消	龋消消	大理	互联网和移动互联网	优胜奖
14	Pony洗衣	Pony一人一桶洗衣机	曲靖	互联网和移动互联网	优胜奖
15	领创	云化科技	昆明	新能源及节能环保	优胜奖
16	穆易优选	清真生态智慧屏（时光屏）	红河	互联网和移动互联网	优胜奖

附表4 组织奖名单

序号	单位名称	所属地区
1	昆明库米企业管理咨询有限公司	昆明
2	景洪阿卡雅文化传播中心	西双版纳
3	丽江迅源食品有限责任公司	丽江
4	大理颐创科技发展有限公司	大理
5	云南玉力空间信息咨询有限公司	玉溪
6	楚雄开发区创新创业服务中心	楚雄
7	泸西药王谷生物科技有限公司	红河
8	云南康创生物医药科技孵化有限公司	曲靖
9	保山市隆阳区共创技术转移服务有限公司	保山
10	普洱上海科技服务中心	普洱